뜻밖의
한국
위인들

약점이 있어서 성공했어요
뜻밖의 한국 위인들

2021년 7월 19일 초판 발행 | 2023년 2월 15일 2쇄 발행

장세현 글 | 김양수 그림

펴낸이 김기옥 ● **펴낸곳** 봄나무 ● **아동 본부장** 박재성
편집 한수정 ● **디자인** 블루 ● **영업** 김선주, 서지운 ● **제작** 김형식 ● **지원** 고광현, 임민진
등록 제313-2004-50호(2004년 2월 25일) ● **주소** 121-839 서울시 마포구 양화로 11길 13(서교동, 강원빌딩 5층)
전화 02-325-6694 ● **팩스** 02-707-0198 ● **이메일** info@hansmedia.com
봄나무 블로그 https://blog.naver.com/bomnamu_books
봄나무 인스타그램 https://www.instagram.com/_bomnamu

도서주문 한즈미디어(주) **주소** 121-839 서울시 마포구 양화로 11길 13(서교동, 강원빌딩 5층)
전화 02-707-0337 ● **팩스** 02-707-0198

ⓒ 장세현, 2021

ISBN 979-11-5613-157-1 73990

● 이 책 내용의 일부 또는 전부를 사용하려면 반드시 저작권자와 봄나무 양측의 동의를 얻어야 합니다.
● 책값은 뒤표지에 나와 있습니다.
● 36~37쪽 : 한호의 《석봉천자문》 사진 출처_국립한글박물관

약점이 있어서 성공했어요

뜻밖의 한국 위인들

장세현 글 김양수 그림

봄나무

차례

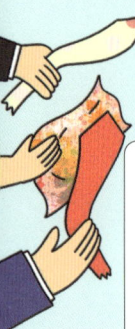

들어가며
· 8

지독한 일 중독자였다
세종대왕
· 12

쉽지 않은 사랑을 했다
이황
· 18

임금도 못 말리는 고집쟁이였다
허준
· 26

떡 썰기보다 못한 글씨였다
한호
· 32

바른말을 너무 잘했다
이순신
· 38

밑바닥 신분에 난쟁이 키였다
정충신
· 44

남성 중심 사회에서 여성으로 태어났다
김만덕
· 50

낭비벽이 너무 심했다
김홍도
· 56

피곤한 잔소리꾼이었다
정약용
· 64

목숨보다 집착한 것이 있었다
권삼득
· 70

장사를 위해 뇌물을 바쳤다
임상옥
· 76

남들이 관심 없는 일에 신경 썼다
김정호
· 84

사고를 치는 말썽꾸러기였다
김구
· 90

중요한 약속을 못 지켰다
손재형
· 98

어마어마한 재산을 탕진했다
전형필
· 106

너무 착해서 바보 같았다
장기려
· 112

섬세했지만 예민하고 소심했다
이중섭
· 118

고생길에 뛰어들어 감시받았다
장일순
· 124

생각이 남다른 괴짜였다
백남준
· 130

병들고 가난한 떠돌이였다
권정생
· 136

 들어가며

다음 두 가지 낱말에서 더 마음에 드는 쪽을 골라 보세요.

성공 | 실패

사람들은 어느 쪽을 선택할까요? 두말할 것도 없이 열이면 열 모두 성공 쪽을 택할 겁니다. 그만큼 성공하고 싶은 마음이 크기 때문이지요. 그렇다면 실패란 말은 나쁘기만 한 것일까요?

그렇지 않아요. 성공의 반대말이 꼭 실패라고 할 수 없어요. 계란의 흰자가 노른자를 품고 있듯이 성공이라는 말 속에는 실패의 경험이 숨어 있어요. 실패는 '성공의 어머니'라는 말도 있잖아요. 실패의 경험이 성공을 낳는다는 뜻이죠.

아무리 뛰어난 사람도 무슨 일이든 단번에 성공하기 어려워요. 잠깐 성공했다 하더라도 그 성공은 견고하질 못해요. 쉽게 성공하면 자만에 빠져 실패의 구렁텅이로 떨어지기도 해요.

사람들은 대부분 엄청난 노력을 쏟아붓고도 실패하기 십상이에요. 중요한 건 그 실패에 좌절하지 않는 거예요. 실패를 발판 삼아 노력한다면 마지막에는 성공의 길에 이를 수 있어요. 실패가 성공에 이르는 징검다리가 된다는 의미에서 실패는 '성공의 어머니'라는 말이 생긴 것이랍니다. 우리 역사에 이름을 남긴 훌륭한 위인들도 마찬가지예요. 그들의 삶이 처음부터 위대했던 건 아니에요. 그럼에도 위인들은 항상 성공만 했을 거라고 오해하거나 늘 훌륭했을 거라는 선입관이 있을 거예요.

1. 그들은 **처음부터 특별한 사람들**이었다?

아니에요. 임시정부를 이끈 독립운동가 김구 선생의 호는 백범(白凡)이에요. '백(白)'은 조선 시대에 가장 천대받았던 '백정'을 뜻하고 '범(凡)'은 아주 '평범한 사람'을 뜻해요. 자신처럼 천하고 평범한 사람도 독립운동에 나설 수 있다는 것을 보여 주기 위해 이런 호를 지었다고 해요.

2. 그들은 **좋은 혈통과 신분을** 타고났다?

그렇지 않아요. 출신이 좋은 인물도 있지만 그렇지 않은 사람들이 더 많았어요. 이런 신분의 제약과 어려운 환경을 뛰어넘어 업적을 이루었을 때 더 훌륭하고 위대한 인물로 추앙받는답니다. 이 책에 나오는 정충신은 노비 출신이었고 김만덕은 기생이었으며 허준은 서자로 태어나 자식 취급도 못 받는 설움을 받았어요.

3. 그들은 **큰 행운이** 뒤따랐다?

오히려 그 반대예요. 이순신 장군은 수백 척의 적선에 겨우 12척으로 맞섰어요. 세종대왕은 수많은 신하의 반대를 무릅쓰고 한글 창제에 앞장섰고요. 임상옥은 중국의 청나라 상인들이 무리 지어 꾸민 음모를 뚫고 무역에 성공했어요.

4. 그들은 남다른 능력을 타고났다?

 꼭 그렇지는 않아요. 장일순은 두 번이나 국회의원에 낙선하고 시골에서 평범하게 농사를 지었어요. 권정생은 가난 때문에 병을 얻어 평생 장애를 안고 살았고요.

 이 책에서는 평범하지만 결코 평범하지 않은, 약점이 있으면서도 처한 상황과 위기를 극복해 자신만의 삶을 산 위인들을 소개할 거예요. 이들도 우리와 똑같은 삶을 살면서 실패도 하고 좌절도 하고 절망도 했어요. 하지만 여러 어려움을 이겨 내고 누구나 우러러볼 만한 삶을 살았어요.

 위인들의 위대한 삶도 수많은 문제와 약점에서 온 실패와 좌절이 밑거름이 되었을 거예요. 실패와 좌절이 두려워 아무것도 하지 못한다면 그 자체가 실패이고 좌절이지요.

 지금부터 우리 역사에 발자취를 남긴 위인들의 위대한 절망, 위대한 좌절, 위대한 실패의 이야기를 볼까요? 또 어떤 방법으로 자신의 약점과 위기를 극복하고 성공했는지 살펴볼까요?

지독한 일 중독자였다
세종대왕

　인간이 동물과 다른 점은 뭘까요? 여러 가지가 있겠지만 가장 큰 특징은 언어를 사용한다는 거지요. 사람은 태어나면서부터 말을 배워서 친구와 재잘재잘 수다도 떨고 부모님과 재미난 이야기도 나누고 선생님께 질문하기도 해요. 그런데 입 밖으로 나온 말은 눈에 보이지 않아요. 말하는 순간 연기와 같이 어디론가 사라지고 말거든요. 하지만 말이 사라지지 않게 마술을 부릴 수가 있어요. 그게 바로 '문자'예요. 문자로 기록을 남기면 산산이 흩어지는 말을 붙잡아 맬 수가 있지요.

　각 나라와 민족은 저마다 고유한 문자가 있어요. 우리나라도 '한글'이라는 자랑스러운 고유 문자가 있어요. 대부분의 문자는 아주 오랜 시간에 걸쳐 만들어졌어요. 그래서 누가 언제 어떻게 만들었는지가 분명치 않아요. 하지만 전 세계의 수많은 문자 가운데 '한글'만 만든 사람이 분명해요. 그가 바로 '세종대왕'이랍니다.

어렸을 적부터 책 읽기를 좋아하고 남다른 천재성을 보였던 세종. 다방면에서 아주 뛰어난 임금이었어요. 농학·문학·사학·언어·음악·수학·법학·과학·철학·경제학·천문학·물리학·군사학 등등. 엄청난 능력을 발휘하여 여러 분야의 수준을 크게 끌어올렸답니다. 이런 뛰어난 능력 덕분에 백성에게는 최고의 왕이었지만 신하들에게는 어땠을까요? 너무 유능해서 같이 일하고 싶지 않은 지독한 일꾼이었을지도 몰라요. 하루 내내 일에만 몰두하니 황희·맹사성·조말생·장영실·박연·정인지·김종서 등 뛰어난 신하들도 일에, 일에, 일을 해야 했어요. 심지어 마음대로 물러나지 못했지요. 건강이 안 좋다거나 나이가 들어서 물러난다는 건 이유도 못 되었어요.

이렇게 혀를 내두를 만큼 일만 하던 세종의 가장 큰 업적은 누가 뭐래도 '한글 창제'예요. 한글은 탄생하기까지 그 과정이 무척이나 험난했어요. 조정의 신하들 중에는 당시에 큰 나라였던 명나라를 향한 예의에 어긋난다며 한글 창제를 반대하는 자들도 있었거든요.

최만리를 비롯한 몇몇 신하들이 바로 반대하는 이들이었죠. 세종은 그들이 반대하는 이유를 잘 알고 있었어요. 지금은 그들의 반대가 터무니없지만 조선 시대 양반 사대부들의 입장에서는 아주 얼토당토않은 얘기도 아니랍니다.

스스로를 세상의 중심이라 생각한 명나라는 주변의 여러 나라와

민족을 '오랑캐'라 불렀어요. 그 당시, 명나라에서 들어온 성리학을 공부한 양반 사대부들은 조선을 문화와 예의를 갖춘 나라라 여기며 오랑캐와 구별했어요. 이를 '소중화 사상'이라 해요. 조선은 황제의 나라로 받들던 명나라의 문화를 적극적으로 받아들였어요. 오랑캐로 불리던 몽골이나 여진 등에게는 자기들의 문자가 따로 있었답니다. 이런 상황에서 문자를 만드는 일을 오랑캐가 하는 짓이라 여겼지요.

이런 이유로 쏟아진 신하들의 반대에도 세종은 뜻을 굽히지 않았어요. 시간이 갈수록 반대가 거세지자 세종은 크게 화가 났어요. 결국, 최만리를 비롯한 신하들은 옥에 갇히고 말았답니다. 하지만 그들 모두 아끼는 신하들이었기에 모두 풀어 줬어요. 한글을 만들려는 세종의 뜻을 그저 잘 헤아리지 못했을 뿐이었지요.

세종은 뚝심 있게 자신의 뜻을 밀고 나갔어요. 끝없는 신하들의 반대. 좋지 않은 건강. 이 모든 어려움 끝에 마침내 한글을 창제했답니다. 백성들을 위해 직접 만든 스물여덟 글자의 모음은 음양의 원리를, 자음은 오행의 원리를 기본으로 만들어졌어요.

그렇다면, 여기에서 퀴즈! 한글의 원래 이름이 뭔지 아시나요?

한글이란 예쁜 이름을 얻은 건 그리 오래된 일이 아니에요. 한글이 처음 만들어졌을 때의 공식 이름은 〈훈민정음〉이에요. '백성을 가르치는 바른 소리'라는 뜻이죠. 〈훈민정음〉에는 세종께서 한글을 창제하는 이유를 밝힌 글이 있어요. 그 내용을 쉽게 풀이하면 이렇습니다.

"우리나라의 말이 중국과 달라, 한자와는 서로 맞지 않으니
어리석은 백성이 말하고자 하는 것이 있어도 그러지 못하는 사람이 많다.
내 이를 가엽게 여겨 새로 스물여덟 자를 만드노니
모든 사람마다 이를 쉽게 익혀 편하게 사용하고자 할 따름이니라."

정리하면 우리나라의 말이 중국과 달라서 백성들이 자신의 뜻을 글로 쓰지 못하는 것을 안타깝게 여겨 한글을 만들었다는 뜻이에요.

알다시피 한글 창제 이전에는 우리 민족의 고유한 문자가 따로 없었어요. 그래서 한자를 빌려 쓰고 있었답니다. 우리말을 한자로 쓰다 보니 불편한 점이 많았어요. 익히기도 어려워서 주로 양반 사대부들만 쓰고 있었고요. 백성들은 하고 싶은 말이 있어도 글을 읽고 쓸 줄 모르니 벙어리나 다름없었어요. 억울한 일을 당해도 하소연할 수도 없었죠. 세종은 이를 딱하게 여겨 한글 창제에 나섰어요. 무엇보다 세종의 백성을 사랑하는 마음이 없었다면 한글은 태어나기 어려웠을지도 모른답니다.

세종대왕의 성공 포인트 — 애민 정신

우리 역사를 통틀어 가장 위대한 임금을 한 사람 꼽으라 한다면 세종대왕이 아닐까요? 그래서 조선 시대의 다른 임금들과 달리 '대왕'이란 호칭이 붙었어요. 정치·경제·사회·문화·예술 등 여러 분야에서 능력을 발휘한 세종대왕의 가장 으뜸가는 업적을 '한글 창제'로 봐요.

앞서 말했듯 대왕은 여러 분야에서 뛰어난 '천재'이자 부지런한 일꾼이었어요. 이 뛰어난 능력을 백성에게 썼기에 더욱 위대해진 인물이랍니다. 백성을 생각하고 사랑하는 마음이 약했다면 어땠을까요? 신하들의 반대에 부딪혀 한글 창제를 포기했을지도 몰라요. 대왕의 천재성과 부지런함은 다른 데에서 발휘되었을지도 모르고요. 우리는 고유 문자를 가지지 못한 채 한자로 쓰고 읽었겠지요. 이처럼 백성을 위해 지독하게 일한 세종대왕은 진정한 성공을 이룬 위인이었어요. 그를 위대한 임금으로 기억하는 데에는 백성을 생각한 애민 정신이 원동력이 되었답니다.

쉽지 않은 사랑을 했다
이황

각 나라의 화폐에는 역사에 길이 남을 위인이 새겨져 있어요. 우리나라의 5만 원에는 신사임당, 1만 원에는 세종대왕, 5000원에는 이율곡, 100원에는 이순신. 그렇다면 1000원에는요? 앞면에 인자한 할아버지 한 분이 보일 거예요. 이분이 퇴계 이황 선생이에요. 조선 시대에서 손꼽히는 학자이자 학문의 발전에 크게 이바지한 분이죠.

신권 1000원의 그림을 더 꼼꼼히 살펴볼까요? 앞면에 있는 이황의 위에 매화가 그려져 있고 뒷면에는 도산서원 주변의 모습이 그려져 있어요. 옛날에 쓰던 구권의 뒷면에는 도산서원이 그려져 있고요. 이황과 함께 이 두 가지를 그린 이유는 간단해요. 매화와 도산서원이 이황의 삶을 잘 보여 주는 상징물이라 할 수 있거든요. 70세의 나이로 눈을 감을 때 이황이 남긴 말은 아주 낭만적이었어요.

"저 매화나무에 물을 주어라!"

얼마나 매화를 아끼고 사랑했으면 죽기 전까지 관심을 기울였을까요? 하필이면 왜 매화였을까요? 뛰어난 학자였던 이황의 매화 사랑에는 나름대로 사연이 있어요. 아주 낭만적인 사랑 이야기로 말이에요.

조선 시대에서 최고로 존경받는 학자였던 이황은 가정 환경이 몹시 불행했어요. 태어난 지 7개월 만에 아버지가 돌아가시고 홀어머니 밑에서 자라났어요. 자라서는 정치 싸움에 휘말려 벼슬에서 쫓겨나기도 했고 형을 잃기도 했지요. 결혼 생활도 순탄하지 않았어요.

21세 때 혼인한 허 씨 부인이 두 아이를 남기고 일찍 세상을 떠나고 말았어요. 30세 때 새로 맞아들인 권 씨는 정신이 온전하지 못했답니다. 이황은 그걸 뻔히 알면서도 권 씨를 부인으로 맞아들였어요. 장인인 권 씨 아버지의 간절한 부탁이 있었기 때문이에요.

"내 딸을 잘 부탁하네. 집안이 풍비박산이 나는 바람에 충격을 받아 저리됐다네."

이황은 부족함이 많았던 권 씨 부인에게 아낌없는 사랑을 주었어요. 어느 정도였는지 다음 이야기를 보세요. 제사를 지내기 위해 모든 일가친척이 모였을 때였어요. 권 씨 부인이 정성껏 차려진 제사상의 음식을 집어먹고도 모자라 배 하나를 치마 속에 감추지 않겠어요? 친척들이 눈살을 찌푸리자 이황은 부인을 이렇게 감싸 주었어요.

"예절에 어긋나는 행동이지만 조상님들도 철부지 며느리를 귀엽게

여기실 테니 용서해 주십시오."

　나중에 이유를 묻자 배가 먹고 싶어서 그랬다는 부인의 말에 이황은 손수 배를 깎아 주었다고 해요.

　또 한 번의 사건은 그가 상갓집에 가려던 날 일어났어요. 이황은 상갓집에 입고 갈 해진 흰색 도포를 권 씨 부인에게 기워 달라고 했어요. 그런데 흰색 도포에 붉은색 천을 덧대어 기운 거예요! 그는 눈에 띄는 천을 기운 흰색 도포를 그대로 입고 상갓집에 갔어요. 사람들은 크게 놀라고 말았지요. 다른 사람도 아닌 존경받는 이황이 빨간색 천으로 기운 흰색 도포를 입고 상갓집에 오다니 믿을 수 없었거든요.

　너무 놀란 사람들 가운데 이런 옷을 입는 것이 예법에 있냐고 물어본 이도 있었답니다. 이황이 말없이 웃자 이후 이 옷이 유행했다고도 해요. 이렇게 엉뚱하게 내조하던 부인을 깊이 사랑하던 이황에게 또 슬픈 일이 찾아왔어요. 권 씨 부인이 아이를 낳다가 눈을 감은 거예요.

　권 씨 부인을 보낸 뒤에도 이황의 인연은 끝나지 않았어요. 단양군수를 맡으면서 운명적인 만남이 또 한 번 기다리고 있었거든요. 바로 관청에 딸린 기녀 두향과의 만남이었답니다.

두향은 조선 최고의 학자였던 이황을 마음에 담았어요. 성정이 꼿꼿한 이황의 마음을 열기는 쉽지 않았지만요. 두 사람을 이어 준 건 매화였어요. 두향은 이황이 매화를 좋아한다는 사실을 알았어요. 그러고는 귀한 매화나무를 구해 보내며 마침내 마음을 얻었답니다.

안타깝게도 그들의 인연은 단 9개월로 끝이 났어요. 이황이 풍기 군수를 맡아 떠나야 했거든요.

이황이 떠나던 날, 두향은 이별의 정표로 매화 화분 하나를 주었어요. 그 뒤, 두향은 기녀 생활을 정리하고 그와 노닐던 곳에 초막을 지어 평생 이황을 그리워하며 살았다고 해요. 20여 년이 지나고 이황이 눈을 감으면서 남긴 말의 매화나무가 두향이 이별의 정표로 준 매화나무였어요.

 이토록 낭만적이지만 쉽지 않은 사랑을 했던 조선 최고의 학자 이황에게는 놀라운 점이 또 있어요. 어린 시절부터 학문에 두각을 드러낸 사람은 아니었다는 점이에요. 23세 때 성균관에 들어가 공부하고

과거를 치렀지만 세 번이나 떨어졌어요. 10년 만인 34세에 겨우 합격하여 뒤늦게 벼슬길에 발을 들였답니다.

벼슬길도 그리 평탄치 않았고요. 무려 140여 차례나 벼슬을 받았으나 79번이나 물러나면서 나아가고 물러나기를 반복했어요. 조정의 권력 다툼 때문에 선비들이 화를 당하는 '사화'가 자주 일어났거든요. 그때마다 수많은 사람이 목숨을 잃었지요. 깨끗하고 욕심 없는 삶을 바라던 이황은 그런 정치에서 멀어지고 싶었는지도 몰라요.

50세가 된 이황은 벼슬을 버리고 고향으로 돌아와 작은 암자를 짓고 학문에 전념했어요. 사람들이 그에게 하나둘씩 찾아와 가르침을 청했지요. 제자들이 점점 늘어나자 경상도 안동의 도산면 남쪽에 서당을 지었답니다. 이곳이 그 유명한 도산서원이에요.

이황은 도산서원에서 무려 330명이나 되는 제자를 가르쳤어요. 이 가운데는 오늘날의 총리에 해당하는 정승이 열 명, 장관에 해당하는 판서도 30여 명이나 나왔어요. 한평생 학문에 힘쓴 끝에 '퇴계학'이라는 학파도 이루어 후학들에게 존경을 받고 있답니다.

이황의 성공 포인트
사랑과 정성

사군자의 하나인 매화는 눈 속에서 꽃이 핀다고 하여 '설중매'라고 부르곤 해요. 이른 봄, 추위를 이겨 내고 제일 먼저 꽃을 피우기 때문에 올곧은 선비들의 정신적 상징으로 보았지요. 이황이 매화를 아끼고 사랑한 것은 세상에 물들지 않고 고고하게 피어난 매화를 닮고 싶었는지도 몰라요.

이황은 벼슬길에 나아가 이름을 크게 떨친 사람은 아니에요. 높은 벼슬에 오르지도 못했고 정치적으로 크게 업적을 쌓지 못했으니까요. 그는 학문을 대할 때나 사람을 대할 때도 사랑과 정성이라는 마음가짐을 중요하게 여겼어요. 욕심을 버리고 벼슬자리를 되도록 멀리하며 학문을 갈고닦아 후배들을 기르는 일에 매진했지요. 이를 통해 수많은 제자를 기르고 정치적 이상을 더 크게 실현했답니다.

작은 것을 버리고 큰 것을 얻었기에 대학자로서 성공한 삶을 살았다고 평가할 수 있어요. 사랑과 정성으로 사람을 대하는 태도는 이황을 훗날 조선 최고의 학자로 기억하게 했답니다.

임금도 못 말리는 고집쟁이였다
허준

세상에 태어난 인간은 누구든 늙고 병들기 마련이에요. 요즘은 의학 기술이 발달해서 제때 치료를 받으면 건강을 회복할 수 있지요. 옛날에는 그렇지 않았어요. 돈이 많거나 신분이 높은 양반, 심지어 한 나라의 임금조차도 병에 꼼짝 못 하는 경우가 많았어요. 백성들은 더 말할 나위가 없었지요. 온갖 질병으로 괴로워하는 백성들을 구할 가장 좋은 방법은 뭘까요? 치료법을 세상에 널리 알리는 거예요.

오늘날은 TV나 인터넷을 통해 쉽게 정보를 알리고 얻을 수 있지만 옛날에는 책이 유일한 방법이었어요. 그 당시에는 의학 서적 《동의보감》이 그 역할을 맡았고요.

요즘은 책을 만드는 일이 그리 어렵지 않아요. 기계로 인쇄하면 끝이거든요. 아주 옛날에는 일일이 손으로 쓴 글씨를 나무 판에 새긴

다음 종이에 찍어야 했어요. 한마디로 엄청난 시간과 노력이 드는 사업이었지요. 이런 어려움을 무릅쓰고 나온 《동의보감》은 여러 병을 치료하는 표준이 될 만큼 내용이 알찼답니다. 덕분에 조선뿐만 아니라 중국과 일본에서도 관심을 끌었어요. 중국에서 30여 차례, 일본에서 두 차례나 출간되었을 정도였거든요. 이렇게 대단한 책은 누가 썼을까요? 엄청난 능력과 대단한 신분의 사람이 쓰지 않았냐고요?

자, 이 사람은요. 조선 시대에 심하게 차별을 받았던 '서자'로 태어났어요. 서자는 본부인이 아닌 첩에게서 낳은 자식을 말해요. 이들은 아버지를 아버지라 부르지 못하고 형을 형이라 부르지도 못했어요. 한마디로 자식 취급을 받지 못한 거예요. 물론 벼슬에 오르는 데도 한계가 있었죠. 문과도 무과도 치를 수 없었던 그는 중인들이 주로 종사하는 의학의 길을 택해야 했어요.

이후 높은 벼슬을 하던 양반의 부인을 고친 뒤 그의 뛰어난 의술 실력은 여기저기로 소문이 퍼졌어요. 추천을 받아 궁에 들어간 뒤에도 신통한 의술로 계속 능력을 인정받았지요. 왕자는 물론 왕세자의 병까지 치료하니 실력 좋은 그에게 직접 와서 치료해 달라는 부탁이 이어졌어요. 그는 어떤 부탁은 들어주었지만 어떤 부탁은 들어주지 않았어요. 그에게는 환자를 찾아가 진료하는 기준이 있었답니다. 치료 원칙도 분명해 외골수 기질이 강했어요. 옳다고 여기는 치료법은 임금이라 해도 막을 수 없었어요. 올리지 말라 한 약을 다시 올려 임금이 불만을 터뜨렸지만 그를 막지 못했을 정도였으니까요.

이에 뛰어난 의술 실력으로 자신을 아끼는 임금만 믿고 교만하게 군다며 그를 시기하는 사람들도 있었어요.

　엄청난 의술 실력으로 알려진 그가 바로 조선 최고의 의원 허준입니다. 허준을 아끼던 선조는 임진왜란을 겪으며 열등감에 시달리고 있었어요. 남쪽 바다에서 이순신 장군이 목숨을 걸고 일본군을 무찌르고 있을 때 선조는 한양을 버리고 의주로 피난을 갔다가 돌아왔거든요. 이런 임금을 백성들이 곱게 봐줄 리가 없었지요. 백성들은 왕실에 불만이 높았어요. 선조도 이런 분위기를 잘 알고 있었답니다. 큰 전쟁이 일어나 싸움터에서 죽거나 병으로 죽는 사람이 늘어나자 선조는 고통을 받는 백성들에게 점수를 따고 싶었어요. 허준을 비롯해 정작·

양예수·김응탁·이명원·정예남 등의 뛰어난 의원들에게 백성들을 치료할 의학 서적을 만들라고 명령했지요.

조선에는 약을 짓거나 치료하는 기준이 따로 없었어요. 의원마다 같은 병을 치료하는 방법이 달랐거든요. 그래서 표준이 되는 치료법을 정리할 필요가 있었지요. 의학 서적이 전혀 없지는 않았어요. 중국에서 나온 책이 대부분이었지만요. 그래서 약이나 치료법이 조선에 사는 사람들에게 맞지 않는 게 많았어요. 똑같은 병이라도 우리 땅에서 나는 약재로, 우리나라 사람들의 체질에 맞게 약을 지어야 효과가 높아요. 《동의보감》은 이런 이유에서 필요했어요. 안타깝게도 1년 만에 편찬 작업을 멈추고 말았지만요. 일본군이 다시 쳐들어온 정유재란으

로 의원들이 흩어져 버렸거든요.

전쟁이 끝나자 선조는 허준에게 작업을 다시 하라고 명령했어요. 명의로서 크게 이름을 떨쳐 양반들도 오르기 힘든 '보국숭록대부'라는 벼슬도 받았답니다. 양반들도 받기 힘든 벼슬이기에 신하들은 이를 반대했어요.

"허준은 서자인 데다가 중인 신분인 의원이라
공이 높아도 정3품 당하관 이상의 자리에는 오를 수 없사옵니다."

이런 이유로 벼슬은 취소되고 말았어요. 거기에 그를 아끼던 선조까지 눈을 감고 말았지요. 선조가 명령한 《동의보감》이 완성되기 2년 전의 일이었어요. 허준의 불행은 끝나지 않았답니다. 임금을 살리지 못했다는 이유로 귀양을 가야 했거든요. 간신히 귀양에서 풀려난 그

는 1610년에 《동의보감》을 완성했어요.

이 책은 우리나라 의학의 역사가 《동의보감》 이전과 이후로 나누어진다고 할 만큼 아주 대단한 내용을 담고 있어요. 조선의 의원들이 너나없이 《동의보감》의 처방을 따른 것은 물론이고요. 2009년에는 유네스코의 세계 기록 문화유산으로 정해지기도 했어요. 또 우리나라를 넘어 동아시아와 전 세계에서 가치를 인정받았답니다.

허준의 성공 포인트
뚝심 있는 원칙

허준의 할아버지는 경상도우수사를, 아버지는 용천부사를 지낸 양반이에요. 안타깝게도 허준은 서자였기 때문에 양반들이 보는 과거를 볼 수 없었어요. 양반도, 양민도 아닌 중인 신분이었기에 의원이 되었죠.

신분의 벽에 가로막혀 선택한 길은 그에게 또 다른 길을 열어 주었어요. 허준은 서자라는 굴레를 벗어나기 위해 노력했어요. 그 결과, 최고의 실력과 자신만의 원칙을 세울 수 있었지요. 이를 바탕으로 엄청난 의학 서적도 남길 수 있었고요. 그가 자신이 처한 처지와 환경에 눈치 보며 살았다면 어땠을까요? 적당히 의술을 펼치며 그저 그런 사람으로 지금까지 알려지지 못했을 거예요. 또 귀양을 가서도 슬퍼만 하며 《동의보감》을 완성하지도 못했겠지요.

한의학에서는 같은 약재라도 자란 조건에 따라 효과가 다르다고 해요. 똑같은 씨앗이지만 밭에서 곱게 자란 인삼보다 험한 산비탈에서 자란 산삼이 약효가 더 큰 법처럼 말이에요. 사람도 마찬가지 아닐까요? 어려운 환경과 나쁜 조건에서도 뚝심 있게 자신만의 원칙을 세워 이겨 낸 사람이 더 훌륭한 사람으로 우뚝 설 수 있는 법이지요.

떡 썰기보다 못한 글씨였다
한호

예전에는 지금처럼 연필이나 볼펜 같은 필기구가 따로 없었어요. 글씨를 쓸 때나 그림을 그릴 때 모두 붓을 사용했어요. 당시에는 붓으로 그림을 그린 것처럼 글씨를 멋지게 쓰는 사람들이 있었어요. 그런 사람들을 '명필'이라 해서 높이 우러러봤답니다.

조선 시대에 가장 이름난 명필 중 한 명이 바로 한호예요. '석봉'이라는 호로 사람들에게 더 잘 알려져 있는 인물이랍니다. 한호의 이름은 바다 건너 중국에까지 널리 알려져 있었어요. 오늘날, 전 세계에서 많은 팬을 거느리고 있는 BTS만큼이었다고나 할까요? 어느 정도였는지 다음 이야기를 살펴보세요.

옛날, 명나라의 부자들 사이에는 그림이나 글씨 모으기가 유행이었어요. 명나라에 사신으로 간 조선의 선비가 부잣집에 구경을 갔어요. 그 집에는 아주 진귀한 그림과 글씨가 많았답니다. 그날도 부자들과 이름난 서예가들이 그 집에 모여 북적댔지요. 좋은 글씨를 새로 구했다는 소문이 돌았거든요.

"석봉 선생의 귀한 글씨를 드디어 구했다면서요? 어디 구경 좀 해 봅시다!"

주인은 다락방에서 깊이 숨겨 놓은 족자 하나를 조심스레 들고 나왔어요. 사람들 틈에서 무심코 족자를 보던 조선의 선비는 빙긋 미소를 지었어요. 족자의 글씨를 본 사람들은 입이 닳도록 왕희지가 조선에 다시 태어난 것 같다며 칭송을 늘어놓았답니다. 왕희지는 당시 중국 사람들이 첫손에 꼽는 최고의 명필이었거든요.

잠시 후 그곳에 모인 사람들끼리 글씨 쓰기 대회가 열렸어요. 조선의 선비도 글씨를 써서 냈지요.

그의 글씨를 본 사람들은 모두 입이 쩍 벌어졌어요. 아까 칭찬을 쏟아붓던 글씨와 똑같았거든요.

"아니, 당신이 석봉 선생이란 말이오?"

선비는 가만히 고개를 끄덕였어요. 사람들은 그를 극진히 대접했고 한호에게 글씨를 서로 받으려고 아우성을 쳤답니다.

명나라에까지 이름을 떨친 이야기를 보니 한호가 얼마나 대단한지 느껴졌나요? 이런 명성은 저절로 얻어진 것이 아니랍니다. 그도 처음부터 글씨를 잘 쓴 건 아니었거든요. 그가 명필이 되기까지 어떤 눈물겨운 노력을 했는지 살펴볼까요?

일찍이 아버지를 여읜 한호는 홀어머니와 함께 가난한 집에서 살았어요. 어머니가 떡장사를 해서 어렵게 모은 돈으로 종이를 샀지만 얼마 가지 않아 동이 났지요. 그는 힘든 어머니를 생각해서 조금이라도 종이를 아껴 쓰려고 애를 썼어요. 종이가 온통 먹물로 새까맣게 변할 때까지 연습을 멈추지 않았답니다. 다 쓴 종이는 냇물에 빨아 먹물을 씻은 다음 말려서 다시 썼어요. 이렇게 하면 두세 번 더 쓸 수 있었거든요. 그래도 종이는 늘 모자랐지요. 하루는 어머니가 조용히 그를 불러 말했어요.

"너를 가르칠 스승님을 알아봤다. 앞으로 10년 동안 집을 떠나 공부하여 훌륭한 사람이 되도록 해라."

어머니의 말씀에 따라 짐을 챙겨 들고 집을 떠난 그는 열심히 실력을 갈고닦았어요. 어느덧 3년이란 시간이 흘렀답니다. 몰라보게 글씨가 늘자 만족한 한호는 집으로 향했어요. 저녁이 되어서야 도착한 그때. 호롱불 아래 떡을 썰고 계신 어머니의 모습이 보이지 않겠어요?

기쁜 마음에 벌컥 문을 열고 들어갔지만 어머니는 전혀 반가워하지 않았어요. 한호는 제 글씨 실력을 어머니께 자랑하고 싶었답니다.

"글씨가 늘었다니 시험해 보자꾸나. 나는 불을 끈 채 떡을 썰 테니, 너는 글을 쓰도록 해라!"

잠시 후, 불빛 아래 드러난 한호의 글씨는 삐뚤삐뚤 형편없었어요. 이와 달리 어머니가 썬 떡은 모양이 반듯하고 가지런하지 않겠어요?

제 실력의 반도 보여 주지 못한 한호는 부끄러워 쥐구멍에라도 숨

고 싶었어요.

당창 떠나라는 어머니의 호된 꾸지람에 그는 크게 깨우친 바가 있었어요. 그 길로 다시 집을 떠나 전보다 더 피나게 노력했어요. 마침내 그는 조선 최고의 명필이 되어 명나라에까지 이름을 떨쳤답니다.

임진왜란 때 명나라로 보내는 중요한 외교 문서는 꼭 한호가 써야 했어요. 그의 글씨에 반한 명나라 관리들이 나라의 문서들을 '석봉체'로 써 달라고 빗발치게 요청했거든요.

요즘에는 컴퓨터 자판이나 스마트폰에 익숙하다 보니 필기가 번거롭게 느껴지는 친구들이 많을 거예요. 또 글씨를 못 쓰는 친구들도 있을 테고요. 한호의 이야기를 읽은 여러분은 어떤 노력을 하고 있나요? 이 이야기에서 깨달은 바가 있다면 지금 해야 할 일이 떠오르겠지요? 아, 그 전에 글씨 연습을 한다고 불부터 끄지 말고요.

한결같은 노력

　한호와 어머니의 떡 썰기 이야기는 여러분에게 중요한 교훈을 알려 주고 있어요. 그 가르침에 따라 자만을 반성하고 더욱 정진한 한호도 대단한 인물이지요. 저마다 크고 작은 어려움이 있겠지만 그것을 이겨 내고 꾸준히 노력하면 한호처럼 자기의 꿈을 이룰 수 있어요.

　'1만 시간의 법칙' 이야기를 들어 본 적 있나요? 무슨 일이든 1만 시간 이상 노력하면 그 분야에서 성공할 수 있다는 법칙이에요. 이를 그대로 따른다면 사람에게는 타고난 능력이 따로 있는 게 아니라 "노력으로 능력이 만들어진다."라고 볼 수 있겠지요.

　한호가 조선 최고의 명필이 된 것은 좋은 사례라 할 수 있어요. 1만 시간의 법칙이 현실에 어떻게 적용될 수 있는지 잘 보여 주고 있답니다. 사람에게는 누구나 타고난 능력이 달라요. 집안의 조건이나 처한 상황이 다르고 뒤따르는 행운도 다를 수 있어요. 하지만 그 어떤 조건에도 흔들리지 않고 열정을 다해 한 노력은 절대 여러분을 배신하지 않아요. 자신의 노력을 믿고 끝까지 나아가면 한호처럼 성공에 이를 수 있을 거예요.

바른말을 너무 잘했다
이순신

임진왜란은 우리 역사상 가장 큰 전쟁 중 하나예요. 1592년부터 1598년까지 무려 7년 동안 계속되었거든요. 초등학교를 마치려면 6년이 걸리는데 그보다 더 긴 시간 동안 이 땅에서 전쟁을 치른 거예요.

전쟁 초기에 일본군은 승승장구하면서 우리 땅을 짓밟았어요. 아무런 준비도 하지 못한 조선군은 제대로 싸우지도 못했죠. 도읍인 한양이 함락되면서 전쟁 두 달 만에 조선 팔도가 거의 일본군의 손아귀에 들어가다시피 했어요. 의주까지 피난길에 오른 선조가 압록강을 앞에 두고 명나라로 가느냐, 마느냐를 고민할 만큼 상황은 좋지 않았어요. 바야흐로 조선의 운명은 바람 앞의 등불처럼 위태로웠답니다.

이 위기 상황에서 전쟁의 흐름을 뒤바꾼 인물이 '충무공 이순신 장군'이에요. 장군은 뛰어난 지략을 써서 파죽지세로 밀고 올라오던 일본군에게 큰 타격을 입혔어요. 옥포해전에서 적선 26척 격파를 시작으로 싸울 때마다 크게 이겼어요. 그 가운데 한산도대첩은 을지문덕의 살수대첩, 강감찬의 귀주대첩과 더불어 우리 전쟁사를 빛낸 3대첩의 하나로 꼽힐 만큼 통쾌한 승리였답니다.

당시 조선의 수군은 한산도 앞바다로 일본군을 끌어들인 뒤 학익진으로 둘러싸 공격하여 적선 47척을 격파하고 12척을 사로잡았어요. 이 싸움은 지금껏 육지에서의 잇따른 패배로 조선에 불리하던 상황을 뒤집는 데 결정적인 역할을 했답니다. 이렇게 대단한 이순신 장군은 원래부터 뛰어난 인물 아니었냐고요? 꼭 그렇지도 않아요.

장군은 28세 때 무과에 응시하였으나 시험장에서 달리던 말이 거꾸러지는 바람에 말에서 떨어져 왼발을 다치고 시험에서 떨어졌어요. 그 뒤로 더 열심히 무예를 닦아 겨우 합격했지만 발령을 받기까지 오래 기다려야 했답니다. 어렵게 시작한 관직 생활도 순탄치 않았어요. 한양에서 근무하다 충청 지방으로 쫓겨나듯 내려가야 했거든요. 모시는 상관이 제 친척을 높은 자리에 올리려 하자 옳지 않다고 생각한 장군이 바른말을 한 결과였어요. 이걸로 끝이 아니었답니다. 열 달 뒤 다시 발포만호로 간 곳에서도 문제는 끊이지 않았어요. 장군의 상관이 딸을 시집보낸다며 관아의 오동나무를 베어 거문고를 만들어 주려 했거든요. 사람을 보내 오동나무를 베려 했더니 '관아의 오동나무는 나라의 것'이라며 단호히 거절하지 않겠어요? 윗사람의 좋지 않은 평가가 끝없이 이어진 것은 당연했고요. 이렇게 가는 곳마다 바른말을

멈추지 않고 정도를 지키던 장군에게 끝없이 어려움이 생겼던 거예요.

무관으로서 큰 치욕인 백의종군도 여러 차례 겪었어요. 백의종군은 어떤 잘못을 저지른 무관이 아무런 벼슬 없이 군대를 따라 싸움터에 나가는 것을 말해요. 일반 군사가 되어 흰옷을 입고 말이죠. 문제는 백의종군도 장군이 잘못해서 받은 벌이 아니라 억울하게 당한 일이었어요. 적의 공격을 예상하고 윗사람에게 올바른 의견을 전한 탓이었지요. 패배의 피해를 줄이며 백성까지 구한 장군에게 돌아온 것이 백의종군이라는 벌이었어요. 이런 일과 어려움이 숱하게 일어나자 장군은 임진왜란 중에 적은 《난중일기》에 깊은 슬픔을 담기도 했어요.

> "세상천지에 나 같은 일을 겪는 수도 있을까.
> 일찍이 죽는 것만 같지 못하다."

가는 곳마다 어려움이 있었던 이순신 장군. 온갖 힘든 상황에도 그는 뛰어난 공을 여러 번 세워 마침내 조선의 수군을 이끄는 삼도수군통제사가 되었어요. 이 덕분에 일본군은 조선의 바다를 넘보지 못했어요. 그러나 장군을 눈엣가시처럼 여긴 일본군의 계략과 원균의 모함에 또다시 모진 일을 겪었답니다.

얼마 후 장군을 대신한 원균이 군을 이끌고 무모하게 싸움을 벌이다 크게 패하고 전사했어요. 조정에서는 장군을 다시 통제사에 임명했어요. 조선 수군은 이미 완전히 무너진 상태였지요. 남은 배는 12척, 군사는 수백 명에 불과했고요. 조정에서는 "수군은 가망이 없으니 육군에 들어가 일본군과 맞서라!"라고 명령했어요. 하지만 장군은 수군을 포기할 수 없었어요. 절망적인 상황이었지만 결연한 의지로 간곡하게 임금께 글을 올렸답니다.

> "수군이 막지 않으면 일본군이 바닷길을 거쳐
> 한양으로 쳐들어갈 게 분명합니다.
> 신에게는 아직 12척의 배가 있사옵고 신이 살아 있는 한
> 적들이 감히 우리를 업신여기지 못할 것이옵니다."

임금을 설득한 장군은 배 12척을 이끌고 적선 133척에 맞섰어요. 이것이 그 유명한 '명량해전'이에요. 세계의 전쟁사에서도 다시없을 통쾌한 승리였지요. 역사에 '만약'이란 단어는 없지만, 이순신 장군이 지레 좌절하고 수군을 포기했다면 어땠을까요? 우리 민족의 역사는 상상조차 하기 싫을 만큼 끔찍한 운명을 맞았을지도 몰라요.

모두가 안 된다고 고개를 저을 때 장군에게는 할 수 있다는 강한 믿음이 있었어요. 이 긍정의 힘이 놀라운 승리의 밑거름이 되었답니다.

이순신의 성공 포인트 - 긍정적인 믿음

어떤 일을 시작하기도 전에 의기소침해하는 사람이 더러 있어요. '이번 시험에 합격할 수 있을까? 그 일을 내가 해낼 수 있을까?' 어렵고 힘든 상황이 닥쳤을 때 어떤 마음가짐을 가지느냐에 따라 이를 이겨 낼 수도 있고 좌절할 수도 있어요. 안 된다는 마음을 가진다면 그 순간부터 실패는 예고된 것이나 다름없죠. 이와 달리 할 수 있다는 긍정적인 마음을 가진다면 절반은 성공을 이룬 셈이에요.

이순신 장군은 그 어떤 상황에서도 긍정적인 자세를 잃지 않았어요. 올바르지 않은 일을 넘긴다면 더 큰 문제가 생기리라 생각해 서슴없이 바른말도 잘했고요. 그 어떤 어려운 상황도 절대 나쁘게 생각하지 않으며 상황을 해결하려고 한 분이랍니다. 살다 보면 어떤 어려움에 부딪히기 마련이에요. 이때 두려워하지 않고 하고자 하면 방법이 보이고 하지 않으려 하면 핑계만 대는 법이랍니다. 쉽고 편한 핑계를 찾기보다 다소 힘들고 어렵더라도 방법을 찾는 의지를 보인다면 성공의 길로 갈 수 있을 거예요. 이순신 장군처럼 말이죠.

정충신

밑바닥 신분에 난쟁이 키였다

1576~1636년
부원수·포도대장

　서울에는 종로, 전라도 광주에는 금남로가 대표적인 거리예요. 광주 민주화 운동의 성지인 금남로는 조선 시대의 어떤 장군과 관련이 있는 거리이지요. 지금부터 이야기할 주인공이 광주에서 태어났거든요. 거리의 이름은 나라에 공을 많이 세운 그에게 인조가 내린 칭호 '금남군(錦南君)'에서 따왔답니다. 조선 시대에는 큰 업적을 남긴 인물이 죽으면 그의 공을 기리기 위해 시호를 내려요. 이순신 장군의 시호는 충무공이에요. '충성스러운 무장'이란 뜻이지요. 당시의 이순신 장군 말고도 또 한 명의 충무공이 있었어요. 그가 바로 이야기의 주인공 '정충신'이에요. 말단 군사로 군대에 들어간 그는 훗날 부원수가 되었을 만큼 뛰어난 인물이었답니다.

　정충신은 장군이 되기에 걸맞지 않은 두 가지 큰 약점이 있었어요.

하나는 키가 아주 작달막한 땅꼬마였다는 거예요. 장군이 되려면 체격이 커야 하지요. 키와 몸집이 작다는 건 큰 단점이 아닐 수 없었어요. 이보다 더 심각한 약점은 뭐였냐고요? 군사조차 될 수 없는 '밑바닥 신분'이었다는 거예요. 그의 아버지는 지방에서 낮은 벼슬을 하고 있었고 어머니는 노비였어요. 부모 한쪽의 신분이 노비이면 자식도 노비가 된다는 조선 시대의 법에 따라 그는 어머니처럼 노비가 되었죠. 조선 시대에 노비는 사람대접을 받지 못했어요. 평민들처럼 군대에 갈 수도 없었고요.

정충신은 임진왜란이 터지면서 군사가 될 수 있었어요. 전쟁이 일어날 때 그는 고작 열일곱 살 소년이었답니다. 상황이 급하다 보니 노비였음에도 군사가 되어 훈련받을 수 있었던 거예요.

그 무렵, 행주대첩으로 유명한 권율 장군이 광주목사로 있었어요. 일본군은 파죽지세로 밀고 올라와 순식간에 조선 땅을 차지하고 있었죠. 하지만 바다 건너에서 식량을 실어 오기는 만만치 않아 곡창지대인 전라도를 공격해야 했어요. 권율은 군대를 이끌고 일본군과 전투를 벌여 크게 승리했어요. 전라도 땅을 단숨에 차지하려던 일본군의 계획은 빗나가고 말았고요.

권율은 이 기쁜 소식을 조정에 전해 조선군의 사기를 올리고 싶었어요. 하지만 한 가지 문제가 있었답니다. 선조가 북쪽 끝에 있는 의주로 피난을 가 있었거든요. 남쪽의 전라도에서 북쪽의 의주까지는 약 785킬로미터가 넘는 먼 길이었어요. 일본군이 차지한 경기도와 황

해도 지역도 지나야 했고요. 가는 길에 일본군에게 잡히면 죽을 게 뻔하니 임금께 소식을 전하겠다는 사람이 아무도 없었던 거예요.

그때 용감하게 나선 이가 바로 소년 군사 정충신이었답니다. 땅에 붙을 만큼 쬐그만한 키에 천한 신분인 말단 군사 정충신. 지원한 그를 보는 시선은 굉장히 미덥지 못했어요. 자신을 보는 못마땅한 주변의 시선과 목숨이 위험한 상황에서 그는 지혜를 냈어요. 임금께 전할 편지를 둘로 찢어 가늘게 꼬아 짚신으로 만든 뒤 감쪽같이 숨긴 거예요. 그 길로 일본군을 피해 20여 일을 굶으며 온갖 위험을 뚫고 선조에게 무사히 도착했어요.

그의 인생에 큰 전환점을 이루는 사람과의 만남도 이때 이루어졌

답니다. 주인공은 오성 대감으로 유명한 '이항복'이었어요. 이항복은 그가 보통 인물이 아님을 한눈에 알아봤어요. 정충신의 변신은 그렇게 시작되었어요. 먼저 편지를 전한 공으로 노비 신분에서 벗어났고요. 이항복을 스승으로 삼아 글공부를 하고 무술을 연마해 무과에 합격했어요. 이런 성공에는 이항복의 지원이 있었어요. 이와 관련한 재미난 이야기를 소개할게요.

하루는 공부하던 그에게 이항복의 사위가 장기를 두자고 졸랐어요. 사위는 장인이 양반도 아닌 정충신을 아끼자 질투가 끓어올랐어요. 사위가 제안한 장기 내기는 무시무시했어요. 세 번을 둬서 지는 사람의 목을 베기로 했거든요. 거절하면 졸장부라고 놀릴 생각이었지

요. 그런데 이게 웬일? 내기를 받아들인 정충신이 장기에서 이긴 거예요! 도망치던 사위의 목덜미를 잡아챈 그는 목 대신 상투만 잘랐어요. 이항복의 집에서 신세를 지고 있기 때문이었거든요. 분을 참지 못한 사위가 이항복에게 이를 고자질했어요. 그는 정충신을 불러다가 오히려 이렇게 호통쳤다고 해요.

"대장부가 목을 자르기로 해 놓고 어찌 상투만 잘랐단 말이냐. 네 녀석을 도원수감이라고 생각했더니 부원수감밖에 안 되겠구나!"

그의 말처럼 실제로 정충신은 부원수까지밖에 오르지 못했어요. 정충신도 훌륭한 인물이지만 그를 알아보고 키운 이항복도 안목이 대단하지요.

이후 정충신은 나라에서 일어난 전쟁에서 눈부시게 활약했어요. 인조가 임금이 되는 데 공을 세웠던 이괄이 불만을 품고 반란을 일으켰을 때도 뛰어난 지략과 무예로 평정했고요. 친구였던 이괄의 반란에 함께했을지도 모른다는 주변의 의심에도 나라를 먼저 생각했어요. 조정의 어떤 당파에도 몸담지 않아 크게 쓰이지 못하기도 했지만요. 이런 대장부의 기질 덕분에 정충신은 작은 거인이라 부르기에 충분한 인물이었답니다.

정충신의 성공 포인트: 외모 극복

밑바닥 신분에 키와 몸집이 작았지만 장수의 꿈을 이룬 정충신. 약점에 움츠러들지 않고 누구보다 용감하고 지혜롭게 행동해 꿈을 이룰 수 있었어요. 사람은 누구나 외모나 신체에 약점이 있기 마련이에요. 다른 누군가와 비교했을 때 불리한 조건이 있더라도 미리 좌절할 필요는 없어요. 이를 극복하고 성공한 예는 얼마든지 많거든요.

- 아르헨티나의 축구 영웅 디에고 마라도나는 165센티미터밖에 안 되는 작은 키에도 커다란 키의 선수들 사이에서 최고의 스타가 되었어요.
- '인간 탄환'이라 불리는 우사인 볼트는 척추가 한쪽으로 휘어 있었지만 세계에서 가장 빠른 사나이, 단거리 육상의 살아 있는 전설이 되었어요.
- 블랙홀 이론으로 유명한 스티븐 호킹 박사는 20대 때 근육이 점점 굳는 병에 걸렸어요. 종이에 공식을 적거나 책 한 장 넘기기 힘들었지만 피나는 노력으로 세계 최고의 물리학자가 되었어요.
- 어릴 적 말더듬이였던 조 바이든은 정치인이 되고 난 뒤에도 말이 다소 어눌해 '슬리피(Sleepy, 졸린) 조'라는 조롱을 받았어요. 그럼에도 제46대 미국 대통령에 당당히 당선되었어요.

김만덕

남성 중심 사회에서 여성으로 태어났다

무역 상인 1739~1812년

'사람' 또는 '인간'이라 뭉뚱그려 말하지만 여기에는 두 가지 성별이 있어요. 바로 남성과 여성이에요. 지금은 남성이나 여성이란 이유로 차별받지는 않아요. 성 평등은 최근에 와서 이루어졌어요. 옛날에는 동서양을 막론하고 여성에 대한 차별이 심했어요.

조선 시대도 마찬가지였어요. 당시는 남성들이 중심이 된 사회라 여성들의 삶에 제약이 많았지요. 양반가에 태어났다고 해도 별반 다르진 않았으니 평민들은 더 말할 것도 없었답니다. 그럼에도 당시에 가장 낮은 신분으로 태어나 큰 성공을 거둔 여성이 있어요. 제주도의 상인 '김만덕'이 주인공이에요.

김만덕은 어려서 부모님을 여의고 친척 집에 맡겨졌어요. 그 친척이 김만덕을 기생집에 보내는 바람에 어쩔 수 없이 기생이 되고 말았어요. 조선 시대에 기생은 아주 천한 신분이었죠. 관청에 있는 기생은 관리들의 잔치에 불려 나가 춤추고 노래를 부르곤 했어요. 다만 양반들과 어울려야 했기에 글을 배워서 지식 수준이 상당히 높은 기생도 적지 않았답니다.

총명하고 아름다웠던 김만덕은 인기가 많은 기생이었어요. 아무리 재주가 뛰어나고 이름이 높아도 기생은 그저 기생일 뿐이지요. 나이가 들면 인기가 시들해지고 쓸쓸하게 늙어 갈 게 뻔했어요. 관청에 딸린 기생은 마음대로 그만둘 수가 없었어요. 기생의 명단에 일단 이름이 올라가면 여간해선 지울 수 없었거든요. 어릴 때부터 남의 집에 얹혀살다 기생이 되었어도 김만덕은 기죽지 않았어요. 언제나 평민이 되고 싶어 했답니다.

먼저, 관아에 자신의 억울한 사정을 하소연했어요. 다시 평민의 신분으로 되돌려 달라고 말이에요. 물론 그 하소연은 받아들여지지 않았어요. 김만덕은 실망하지 않고 계속해서 자신의 기구한 사연을 이야기했어요. 사또를 찾아가고 찾아가 끝없이 제 바람을 당당하게 이야기했답니다. 열일곱 살 때 새로 온 사또의 수청을 받자 소복을 입고 나타나 이를 강하게 거절했다는 이야기도 있어요. 이처럼 김만덕에게는 웬만한 남자 이상의 강함과 목표가 있었던 거예요. 관청에서 정말 조사해 보니 김만덕의 말이 사실이었어요. 그렇게 기생의 명단에서 이름을 지워 자유의 몸이 되었답니다. 양반의 첩이 되어 기생 신분을 벗어나는 법도 있었을 텐데 스스로 움직여 길을 연 거예요!

그 뒤 김만덕은 객줏집을 차리고 사업을 시작했어요. 객줏집은 요즘 말로 하면 호텔업과 무역 중개업을 합쳐 놓은 곳이에요. 그리고 제주의 특산물인 말총·미역·전복·녹용·약초 등을 육지에 팔고 육지에서 곡물이나 무명과 광목 등의 옷감을 들여와 제주 사람들에게 팔았어요. 기생 시절의 경험을 바탕으로 양반층 부녀자들이 좋아하는 화장품과 장신구, 비단 등을 거래해 어마어마한 재산을 모을 수 있었지요. 김만덕은 제주도에서 손에 꼽힐 만큼 큰 부자가 되었답니다.

그 무렵, 제주도에 큰 흉년이 들었어요. 먹을 게 없어 굶어 죽는 사람은 늘어 갔지요. 보고를 받은 나라에서는 사람들을 도울 곡식을 급히 제주도로 보냈어요. 안타깝게도 풍랑을 만나 곡식을 실은 배가 가라앉는 바람에 제주도 사람들은 여전히 굶주림에 시달렸답니다. 보다 못한 김만덕은 자신의 전 재산을 풀어 배를 마련한 뒤 육지로 건너가 곡식 500석을 사 왔어요. 그 곡식으로 많은 사람을 돕고 관아로도 보내어 굶어 죽는 사람들을 살리도록 했지요. 이 소식이 전해지자 정조는 김만덕에게 큰 상을 내리고 싶어 소원을 물었어요. 이때 김만덕이 한 대답이 참 대단했답니다.

"한양에 한 번 가서 임금이 계신 곳을 바라보고 금강산에 가 일만이천봉을 구경한다면 죽어도 여한이 없겠습니다."

별것 아니라고요? 당시에 여자는 제주도를 떠날 수 없다는 법이 있어서 김만덕의 소원은 엄청난 것이었어요. 제주도는 돌과 바람, 여성이 많다는 뜻으로 '삼다도'라 불러요. 바다로 둘러싸인 제주도에서는 대대로 고기잡이를 하며 살아요. 남자들이 고기잡이를 나갔다가 풍랑을 만나 많이 죽자, 제주도에는 여자들이 더 많아졌어요. 먹고살기 어려워진 여자들이 제주도를 떠나 땅으로 나간다면 어떻게 될까요? 사람이 살지 않는 섬이 될지도 몰라요. 나라에서는 제주도 여자들이 육지로 나가지 못하도록 법을 정한 거예요.

정조는 오직 김만덕만이 섬을 떠날 수 있도록 허락해 주었어요. 제주 여자로서 처음 뭍으로 나간 인물이 된 거예요! 임금은 '차비대령

행수의녀'라는 임시 관직을 주어 김만덕을 직접 만나기도 했어요. 또 편안히 금강산을 유람하도록 뒤를 보살펴 주었어요. 밑바닥 기생 출신에서 돈 많은 상인이 된 김만덕에게는 엄청난 영광이었죠. 당시에는 백성이 궁에 들어가 임금을 만나는 일은 꿈꿀 수조차 없었어요. 이 소식이 퍼지자 금강산 유람을 가는 길목마다 사람들이 몰려나와 김만덕을 칭송했답니다.

김만덕은 장사하면서 세 가지 원칙을 세웠다고 해요.
1. **박리다매** : 이익을 적게 남기고 많이 판다.
2. **정가 판매** : 바가지 씌우지 않고 정확한 가격으로 사고판다.
3. **신용 판매** : 반드시 믿음을 지키며 정직하게 거래한다.

이 세 가지는 오늘날에도 적용되는 경영 원칙이에요. 그만큼 김만덕의 생각은 시대를 앞서 있었어요. 단지 부자가 되었다는 것만으로 그녀의 삶이 성공했다고 말할 수 없어요. 돈을 많이 번 사람은 우리 역사에 수없이 많거든요.

우리 속담에 "개처럼 벌어서 정승 같이 쓴다."라는 말이 있답니다. 돈을 버는 것보다 돈을 쓰는 게 더 중요하다는 뜻이에요. 돈을 많이 벌어도 심보 나쁜 놀부처럼 군다면 세상 사람들에게 손가락질을 받겠지요. 김만덕은 달랐어요. 특히 여성에게 불리했던 조선 사회에서 '꿈과 목표'가 있었답니다. 천한 기생 신분에서 벗어나겠다는 목표를 위해 끈기 있게 움직였어요. 그리고 장사를 통해 많은 재산을 모았어요. 단순히 돈을 많이 버는 것으로 끝이 아니었죠. 큰 배포가 있는 상인으로 많은 사람을 도왔답니다. 목표 의식이 분명했던 김만덕은 많은 돈으로 사람들을 도왔기 때문에 성공한 삶을 살았어요. 지금까지 모두가 우러러보는 훌륭한 인물로 말이에요.

낭비벽이 너무 심했다
김홍도

경기도 안산시의 서쪽 지역구 이름을 혹시 아나요? 맞아요, '단원구'예요. 여기에서 '단원'이란 이름은 조선 시대의 뛰어난 화가 김홍도와 관련이 있어요. 김홍도는 호를 여러 개 썼는데, 가장 유명한 호가 단원이에요. 단원 김홍도. 그의 고향이 '경기도 안산'이라는 설을 근거로 단원구가 생겨났죠.

김홍도의 이름 앞에는 '천재 화가'란 수식어가 꼭 붙어 다녀요. 그는 조선 시대를 통틀어 최고의 화가로 손꼽히지요. 얼마만큼 대단했냐고요? 그가 붓을 한 번 휘두르면 보이는 것들이 그대로 화폭에 옮겨져 사람들이 손뼉을 쳤다고 할 정도였어요. 또 그림이 실물과 꼭 닮아서 하늘이 내린 솜씨라며 아낌없는 찬사를 받기도 했고요. 김홍도는 여러 방면에서 뛰어난 화가였지만, 풍속화에 특히 탁월한 솜씨를 보였어요. 〈씨름〉·〈서당〉·〈빨래터〉·〈주막〉 등의 작품에서 볼 수 있듯, 당시의 풍속을 맛깔나게 그려 냈어요.

김홍도는 도화서 화원으로 이름을 널리 알렸어요. 도화서는 나라에서 필요로 하는 그림을 맡아 그리던 관청이에요. 여기에 소속된 화가를 '화원'이라고 해요. 화원이 되려면 일종의 과거에 해당하는 '취재'를 봐서 합격해야 했어요. 즉, 최고의 실력을 갖춘 사람만이 들어갈 수 있었지요.

김홍도는 이 취재를 보지 않고 단번에 도화서의 화원이 되었어요. 조정의 높은 관료였던 강세황이 추천해 줬거든요. 시서화(詩書畵)에 능했던 강세황은 예술을 보는 뛰어난 눈이 있었어요. 그의 후원 덕분에 요즘 식으로 말하면 특별 채용이 된 것이죠. 예나 지금이나 누군가 특혜를 받으면 곱지 않은 시선이 따르기 마련이에요. 하지만 김홍도의 그림 솜씨가 워낙 뛰어나니 뒷말이 나올 수가 없었어요. 당시 강세황이 칭찬한 글을 보면 그의 재주를 짐작할 만해요.

> "단원은 어릴 적부터 그림을 공부하여 못 그리는 것이 없었다. 인물·산수·신선·불화·꽃·과일·새·벌레·물고기·게 등을 모두 신묘한 솜씨로 그려 냈다. 뛰어난 화가와 비교하려 해도 그에 대항할 사람이 거의 없었다. 대부분 뛰어난 화가의 그림을 따라 그리면서 실력을 쌓아야 대상을 비슷하게 그려 내곤 한다. 단원은 혼자 터득한 솜씨로 그려 내니 타고나지 않고서는 될 수 없는 일이다."

그의 천재적인 그림 솜씨는 말뿐이 아니었어요. 이를 보여 주는 이야기가 있답니다.

정조가 궁궐의 한 벽면에 멋진 신선들의 그림을 그리라고 명했어요. 김홍도는 명을 받고도 한동안 빈둥거리며 그릴 생각을 하지 않았답니다. 시간이 흐르자 정조는 그림이 어느 정도 완성되었는지 궁금했어요. 그런데 이게 웬일? 김홍도는 아직 손도 대지 않았던 거예요! 정조는 그림이 완성되기까지 차분히 기다렸어요. 신하들은 정조가 화내지 않을까 조마조마했어요. 그래서 김홍도를 보기만 하면 빨리 그리라고 성화를 부렸답니다. 그 보챔에 김홍도는 그제야 그림을 그리겠다고 했어요.

"일꾼들에게 먹을 갈아 오라 하시오!"

먹을 갈아 오자 눈살을 찌푸리며 이렇게 말하지 않겠어요?

"그 정도로는 어림도 없소. 다시 가서 서너 되쯤 갈아 오시오!"

이윽고 일꾼들이 나무통을 끙끙대며 들고 왔어요. 통에는 시꺼먼 먹물이 가득 담겨 찰랑대고 있었지요. 김홍도가 흡족한 얼굴로 두 팔을 걷어붙이고 붓을 들었어요. 그러고는 신들린 사람처럼 넓은 벽면에 쓱쓱 그림을 그려 나가지 않겠어요? 붓끝의 움직임에 따라 바다와 구름, 신선의 모습이 차례로 나타났어요.

"아무렇게나 붓을 놀리는 것 같은데 멋진 그림이 되다니? 신이 내린 솜씨로다!"

그림을 본 사람들은 감탄하며 입을 다물지 못했답니다.

김홍도는 이렇게 뛰어난 실력으로 젊은 나이에 영조를 비롯해 세손이었던 정조를 그리는 작업에 함께할 수 있었어요. 왕위에 오른 정조는 그를 크게 아꼈답니다. 어느 정도로 그를 믿었냐면요.

"그림에 솜씨 있는 그를 안 지 오래다. 오래전에 내 초상을 그렸는데 이때부터 그림에 관한 일은 모두 그에게 맡겼노라."

한 번은 정조의 명에 따라 금강산의 빼어난 경관을 붓끝에 담아 오기도 했어요. 임금은 궁 밖을 함부로 나갈 수 없어서 그림으로 금강산 경치를 감상했던 것이죠. 김홍도가 그린 <금강산화첩>은 아주 길고 넓은 폭의 두루마기 그림이었어요. 하지만 궁에 불이 나는 바람에 일부만 전해지고 있어요.

확실히 밝혀진 바는 없지만 정조의 비밀 명령을 받고 쓰시마섬에 몰래 들어가 그곳의 산을 그려 왔다는 이야기도 있어요. 중인 신분인 화원이 임금과 직접 소통하다니 대단하지 않나요?

뛰어난 김홍도의 실력은 궁 안팎으로 널리 퍼졌어요. 도화서에서 그리는 그림 외에도 별도로 주문을 받아 그림을 그리기도 했거든요. 그의 집 앞은 그림을 얻고 싶어 하던 양반들로 북적였답니다.

이런 활약에도 그는 그리 풍족하게 생활하지 못했어요. 끼니를 잇

지 못할 만큼 가난했거든요. 임금이 아끼는 최고의 화가가 어떻게 이렇게 된 걸까요? 이런 생활고는 돈을 못 벌어 궁핍했다기보다 그의 씀씀이가 컸기 때문이에요.

김홍도는 얼굴이 잘생기고 성품이 시원시원하여 당시 사람들이 신선과 같은 인물이라 평했어요. 살림살이가 가난해도 크게 마음을 쓰지 않았지요.

"뒤주가 비었다고 마음까지 빈 것은 아니니 걱정할 것이 못 된다."

이처럼 구김살 없는 성격이라 친구와 술을 마시거나 매화를 사 보고 즐기기를 좋아했지요.

하루는 길을 지나다 매화 한 그루를 보았어요. 팔려고 내놓은 매화였는데 모양이 매우 특이하고 운치가 있었어요. 값을 물으니 2000전이라는 비싼 값에 입을 딱 벌리고 발길을 돌려야 했지요. 끼니를 걱정해야 하는 판에 비싼 값을 치를 수가 없으니까요. 하지만 집에 와서도 그 매화가 자꾸만 눈에 아른거리지 않겠어요?

'아, 참 탐나는 매화였는데…… 살 방법이 없을까?'

궁리하던 참에 어떤 사람이 그림 값으로 3000전을 미리 보내 왔어요. 돈이 들어오자 그는 바로 2000전을 떼어 매화를 샀어요.

"이처럼 진귀한 매화를 얻었으니 그냥 있을 수 없지!"

남은 돈에서 800전을 떼어 술을 사서 친구들을 불러 모았어요. 그리고 매화를 감상하는 술자리를 가졌답니다. 남은 200전으로 쌀을 사니 고작 이삼일 먹을 양밖에 안 되었지요. 김홍도는 이런 씀씀이에도 조금도 아쉬워하거나 후회하는 빛이 없었다고 해요. 이처럼 성격이 시원시원했던 까닭에 그의 가난은 풍류를 즐기는 삶이 만들어 냈다고 봐야 하지요.

김홍도의 성공 포인트
확실한 실력

김홍도는 신선 같은 외모를 가진 풍류남아였어요. 좋게 말하면 풍류를 즐길 줄 알았지만 나쁘게 말하면 낭비벽이 있었지요. 씀씀이가 헤프고 살림살이에 전혀 신경을 쓰지 않았으니 가족이 꽤나 속을 썩였을 거예요.

그의 풍류가 통할 수 있었던 건 '뛰어난 실력'이 있었기 때문이에요. 당시 화원들이 누리는 최고의 영광은 어진을 그리는 일! '어진'이란 임금의 초상을 그리는 거예요. 화원 가운데서도 최고의 실력을 가진 자만 참여할 수 있었지요. 김홍도는 여러 차례 영조와 정조의 어진을 그렸어요. 그 공으로 벼슬을 받기도 했지요.

사람에게는 누구나 단점과 약점이 있어요. 이를 가릴 만큼의 장점이나 실력을 갖춘다면 성공할 수 있어요. '단원 김홍도'처럼 말이에요. 다만, 모든 사람이 천재일 수 없고 또 천재라고 무조건 성공하지 않는답니다. 천재도 노력을 통해야만 천재로 거듭날 수 있으니까요.

김홍도가 실력만 믿고 아무 노력도 하지 않았다면 어땠을까요? 결코 성공하지 못했을 거예요. 강세황을 스승으로 삼아 그림 공부를 열심히 했기 때문에 천재성이 드러났고요. 천재도 노력하지 않으면 평범한 사람에 머물고 말아요. 반대로 평범해 보이는 사람도 꾸준히 노력하다 보면 자기 안에 숨어 있던 천재성을 발견할 수 있답니다.

피곤한 잔소리꾼이었다
정약용

조선 건국 초기만 해도 성리학은 타락한 고려의 불교를 대신할 국가 이념으로 자리 잡았어요. 시대가 흐르면서 성리학에 조금 문제가 생겼어요. 예법을 너무 중시한 나머지 쓸데없는 논쟁을 일삼았거든요. 먹고살기 힘든 백성들이 보기에는 참으로 한심한 논쟁이었죠.

조선 후기에는 백성들의 실생활에 도움을 주는 학문이 생겨났어요. 그걸 '실학'이라고 해요. 실학은 백성들을 잘살게 하려면 양반들이 푸대접하던 농업을 부흥시키고 상공업을 살려야 한다고 주장했지요. 이 실학을 잘 정리한 인물이 바로 '다산 정약용'이에요. 그는 천재라는 수식어가 어울릴 만큼 다방면에서 뛰어난 인물이었어요. 자, 어떤 활약을 펼쳤는지 볼까요?

"인간 인쇄 기계! 집필한 책이 무려 500권!
조선 시대 AI! 거중기·유형거·배다리, 뭐든지 알아서 척척!
인간 건축 사무소! 화성을 건축하다!"

이런 능력 덕분에 정조는 정약용의 재주를 늘 아끼고 사랑했어요. 정약용 또한 정조의 기대에 어긋나지 않게 큰 도움을 주었지요. 당시, 조선으로는 청나라를 통해 서양의 종교와 과학 기술이 들어오고 있었어요. 새로운 학문에 목말라 있던 정약용은 서양의 학문에 관심이 많았어요. 젊어서부터 천주교와 서양의 과학 기술을 소개한 책들을 많이 구해 읽었답니다. 하지만 그의 든든한 보호막이던 정조가 세상을 떠나자 사정이 달라졌어요. 평소 그를 눈엣가시처럼 여기던 무리가 작은 사건이라도 생기면 벌떼처럼 일어나 정약용을 헐뜯은 거예요! 끝내 집안이 풍비박산이 난 정약용은 전라도 강진으로 귀양을 가야 했어요. 이때부터 18년에 이르는 기나긴 유배 생활이 시작되었답니다.

엄청난 업적을 남길 만큼 대단한 정약용도 긴 유배 생활 동안 아버지 없이 자랄 자식들 걱정이 깊었던 모양이에요. 피곤한 잔소리를 끊임없이 퍼부었으니까요. 그가 쓴 편지를 보면 위대한 인물도 어쩔 수 없는 사람이다 싶어 웃음이 나오기도 해요.

"노는 것만 좋아하고 왜 공부하지 않냐?"
"제발 게으름 피우지 말고 부지런하게 생활해라."
"너야말로 진짜 독서할 때를 만났다. 집안이 망해 버렸으니 오히려 더 좋은 처지가 아니냐."

자식들에게만 이어진 잔소리는 아니었어요. 제자들에게도 예외는 아니었으니까요. 워낙 아는 게 많다 보니 큰 것부터 작은 것까지 이어지는 잔소리가 끝이 없었어요. 신혼에 빠져 공부하지 않는 제자에게는…….

"각방 써라!"

차와 편지를 보낸 제자에게는…….

"찻가루가 좋지 않으니 다시 보내게. 세 번 찌고 세 번 말려 곱게 빻은…… 진흙처럼 짓이겨 지은…… ……으로 만들어야 찻가루를 먹을 수 있다네. 잘 알겠나?"

이런 엄청난 잔소리에는 인생의 큰 가르침이 될 만한 내용도 있어요. 그 내용을 옮겨 보면 이래요.

"세상의 옷이나 음식, 재물 등은 부질없고 가치 없는 것이다.
옷이란 입으면 닳기 마련이고 음식은 먹으면 배 속에서 없어진다.
재물을 물려준다 해도 끝내는 사라지고 마니 차라리 헐벗은 이웃이나
가난한 벗들에게 나눠 주는 것만 못하다. 사람들에게 베풀면
도둑에게 빼앗길 염려도 없고 불에 타 버릴 걱정도 없다.
이로 인해 죽은 후에도 이름을 천년 뒤까지 남길 수 있다."

잔소리꾼 정약용은 여러 교훈 외에도 친구를 사귈 때의 자세, 벼슬살이할 때의 마음가짐, 친척끼리 화목하게 지내는 방법 등을 수없이 많은 편지를 보내 가르쳐 주었답니다.

자신을 아끼던 임금의 죽음 이후 찾아온 유배. 누군가에게는 끔찍한 비극이었겠지만 정약용에게는 또 다른 기회였어요.

"이제야 참다운 공부를 할 수 있는 시간을 얻었구나!"

이렇게 태연히 말하며 학문과 책을 쓰는 데 집중했거든요. 따뜻하게 대해 주는 사람이 없어 더 외로운 귀양살이에서 그는 가족에 대한 그리움으로 많이 힘들어했어요. 애타는 그리움을 달래면서도 그는 엄청난 업적을 남겼답니다.

정약용의 성공 포인트
꼼꼼함과 깐깐함

정약용은 꼼꼼하고 깐깐한 사람이었어요. 남들이 보기에 허투루 보아 넘길 수 있는 일도 그는 대충 넘기지 않았죠. 이 덕분에 여러 분야의 학문에 깊이 빠져들 수 있었고 업적도 남길 수 있었답니다. 귀양지에서도 그의 꼼꼼함과 깐깐함은 여전했어요. 생활은 무척 외롭고 힘들었지만 자식들과 제자들에게 작은 것까지 하나하나 당부하며 학문을 갈고닦는 기회로 삼았거든요.

정약용은 유배지에서 생활하는 탓에 나랏일을 살펴보지 못했어요. 그 대신 다른 관리들이 올바르게 백성을 다스릴 수 있도록 큰 가르침을 주었답니다. 500권에 이르는 많은 책을 지었고 자신의 사상과 학문을 완성하기도 했어요.

남들의 시기와 부러움을 살 만한 재주로 최고의 위치에 올랐다가 한순간에 곤두박질친 정약용. 벼랑 끝의 삶에서도 특유의 깐깐함을 살려 위기를 기회로 바꾸려 노력했기에 대학자로 성공을 이루었답니다.

판소리 명창
1771~1841년

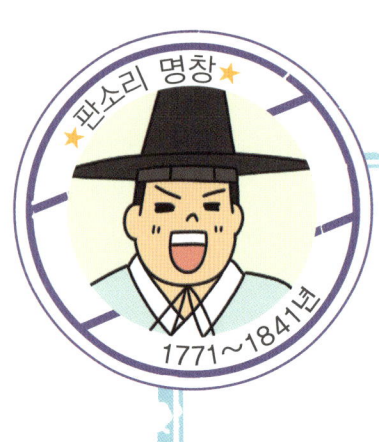

목숨보다 집착한 것이 있었다

권삼득

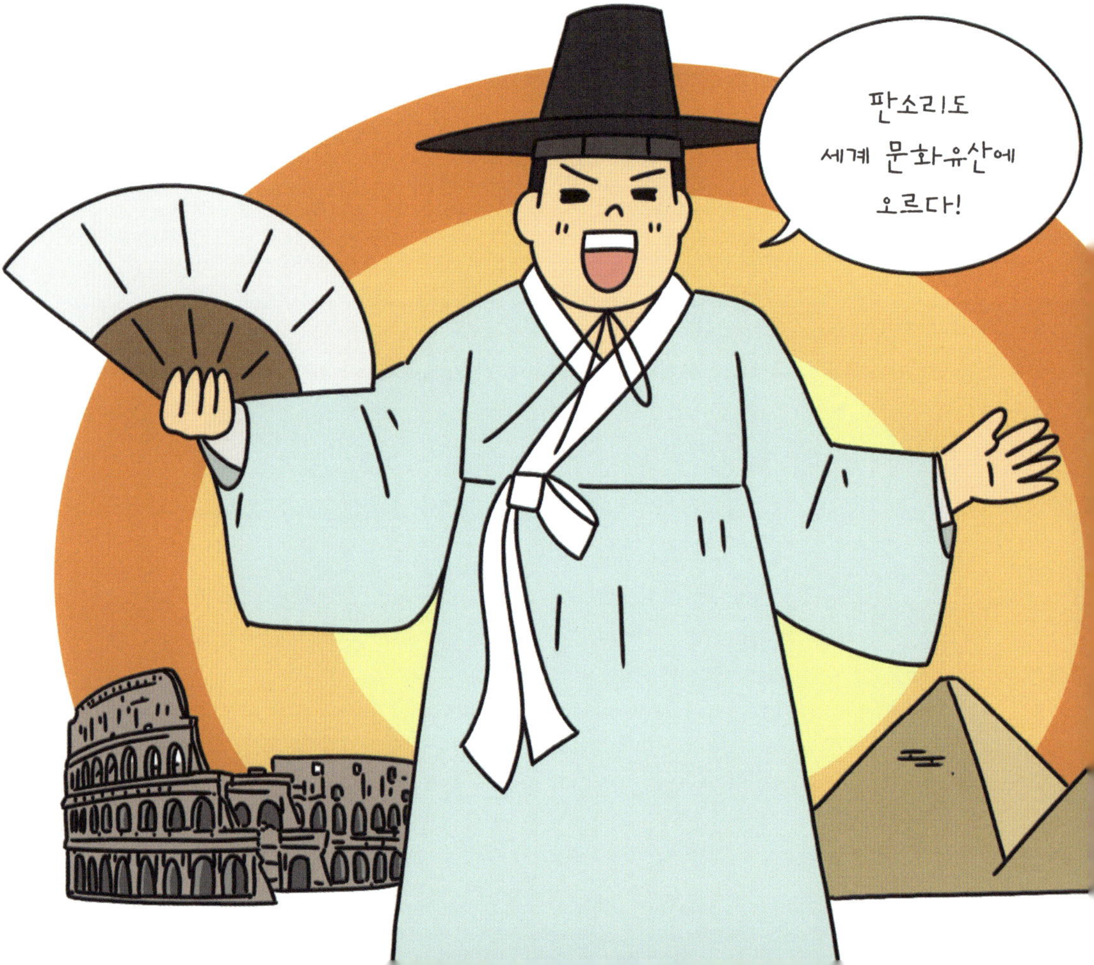
판소리도 세계 문화유산에 오르다!

전 세계에는 귀중한 문화 유적이 많아요. 이집트의 피라미드, 인도의 타지마할, 중국의 만리장성, 로마의 콜로세움, 파리의 에펠탑, 페루의 마추픽추 등등. 국제기구인 유네스코는 이것들을 세계 문화유산으로 정해 놓았어요. 세계가 힘을 합쳐 오래도록 보존해야 할 만큼 큰 가치가 있다는 문화 유적이라는 뜻이에요.

그럼 우리나라에는 세계 문화유산이 없냐고요? 당연히 있지요. 팔만대장경과 석굴암, 종묘 등 여러 가지가 있는데 판소리도 그중 하나예요.

판소리는 서양의 오페라와 자주 비교되곤 해요. 오페라는 노래와 춤, 이야기 등이 한데 어우러진 종합 예술이에요. 우리의 판소리도 마찬가지예요. 판소리에는 세 가지가 어우러져 있어요.

첫 번째로 '사설'이라 불리는 이야기가 있어요. 판소리를 끌고 가는 기본적인 줄거리지요. 두 번째로 '창'이라고 하는 구성진 노랫가락이 있어요. 세 번째로 무용과 비슷한 '발림'이 있어요. 이야기를 더욱 실감나게 들려주기 위해 소리꾼이 어깨춤이나 손짓, 발짓 등으로 구성지게 연기하는 것이지요.

우리 민족 고유의 정서와 가락이 배어 있는 전통 예술 판소리는 '조선식 오페라'라고 할 수 있어요. 다만 혼자서 모든 역할을 다 소화해야 해요. 이를테면 <심청가>에서 소리꾼은 심청이도 되고 심 봉사도 되고 뺑덕 어미도 되어 이야기를 끌고 가야 하죠. 그런데 이 판소리는 악보가 따로 없어요. 악보도 없는데 어떻게 지금까지 소리가 전해질 수 있었냐고요? 판소리에는 '소리꾼'으로 이름을 날린 이들이 있었거든요. 그들의 입에서 입으로 판소리가 전해진 것이죠. 소리꾼들 가운데 특히 눈에 띄는 인물이 있어요. 지금부터 그의 이야기를 보도록 해요.

뼈대 있는 양반 가문에서 태어난 그는 남달리 음악적 재능이 뛰어났어요. 다른 양반들이 하는 글공부보다 천민들이 하는 판소리에만 매달렸답니다. 아버지와 집안사람들은 판소리에 관심을 보이는 그가 매우 못마땅했어요. 조선 시대는 양반과 평민, 천민의 구별이 엄격했거든요. 게다가 소리하는 것을 천하게 여겨서 양반이 소리꾼이 된다는 건 상상할 수 없었지요. 글보다 판소리를 훨씬 더 좋아했던 그는 아버지와 집안사람들의 반대를 무릅쓰고 몰래 소리 공부를 계속했어요.

이를 두고 볼 수 없었던 집안 어른들은 모인 자리에서 중요한 결정을 내렸어요. 판소리를 계속한다면 가문의 명예를 지키기 위해 그를 '죽이기'로 말이에요.

집안 어른들은 그를 마당으로 끌어내 으름장을 놓았어요. 계속 소리를 하겠다고 고집을 부리면 용서하지 않겠다고 하면서요.

보통 사람이라면 꺾일 법도 하지만 그는 조금도 뜻을 굽히지 않았어요. 어떻게 해 봐도 말을 듣지 않자 화가 머리끝까지 난 집안 어른들은 그를 정말 죽일 기세였어요. 마당에는 몽둥이를 든 하인들이 그를 빙 둘러싸고 명령이 떨어지길 기다리고 있었답니다. 다른 사람이었다면 그 자리에서 바로 살려 달라고 애원했을지도 몰라요. 그는 죽기를 각오한 듯 태연히 이렇게 말하지 않겠어요?

"죽을지언정 소리를 그만둘 수 없습니다."

목숨이 위태로운 상황에서도 눈 하나 깜짝하지 않자 집안 어른들은 꺾이지 않는 그의 고집에 혀를 내둘렀어요. 그러고는 죽기 전에 소원을 말해 보라고 했지요.

그는 마지막으로 소리나 한바탕하고 죽게 해 달라고 했어요. 그리고 <춘향가>에서 '십장가'를 구성지게 불렀어요. 춘향이 변 사또의 수청을 거부하자 벌로 곤장을 맞는 대목이에요.

그가 소리를 하는 자리에 집안 어른들과 황소가 있었어요. 그의 소리를 들은 어른들은 크게 감동했고요. 같은 자리에 있던 황소도 울고 웃었답니다.

집안 어른들은 사람과 짐승까지 감동시키는 소리를 듣고 나자 그를 죽이는 게 너무 아깝다고 생각했어요. 결국 족보에서 이름을 지운 뒤 쫓아내기로 했어요.

돈 한 푼 없이 쫓겨난 그는 스승을 찾아가 본격적으로 소리 공부를 한 끝에 명창으로 이름을 날렸어요. 이 사람이 바로 조선 최고의 명창 '권삼득'이랍니다.

　사실 명창이 되는 길은 멀고도 험해요. 타고난 좋은 목청만으론 부족해서 고통스럽고 힘든 수련을 거쳐야 해요. 오랜 수련으로 판소리하기에 좋도록 목청이 트여 소리를 얻는 '득음'은 굉장히 어려운 일이었어요.

　옛날 소리꾼들은 득음하기 위해 깊은 산속이나 폭포 아래, 암자에서 혼자 외롭게 싸워야 했어요. 명창이 되려면 목에서 피를 한 동이쯤 쏟아야 한다는 말은 이렇게 나왔죠.

권삼득은 양반으로서 편안한 삶을 버리고 어려운 길을 택했어요. 성공적인 삶을 살려면 이처럼 스스로 즐길 수 있는 일을 찾아서 피나는 노력을 기울여야 한답니다.

권삼득의 성공 포인트 — 진심 어린 몰두

권삼득은 판소리의 역사에서 아주 중요한 인물이에요. 판소리 초기의 명창으로, 판소리가 인기를 얻으면서 발전하는 데 크게 이바지하기도 했어요. 판소리 명창들 가운데 보기 드물게 '양반 출신'이라는 특이한 점도 있고요.

그는 양반 가문의 명예를 헌신짝처럼 버리고 판소리에 매달렸어요. 그가 죽음을 무릅쓰고 판소리에 매달린 까닭은 그만큼 매력을 느꼈기 때문이에요. 옛글에 이런 말이 있어요.

"알기만 하는 사람은 좋아하는 사람만 같지 못하고 좋아하는 사람은 즐기는 사람만 같지 못하다."

모든 분야가 마찬가지예요. 음악이나 미술 같은 예능뿐 아니라 학문이나 기술, 각종 스포츠에 이르기까지 다 적용되는 말이지요.

권삼득은 판소리를 단지 알거나 좋아하는 데 그치지 않고 즐길 줄 아는 사람이었어요. 이 덕분에 '명창'이라는 최고의 경지에 오를 수 있었지요. 그가 양반의 체면만을 생각하여 하기 싫은 글공부에 매달렸다면 어땠을까요? 하는 둥 마는 둥 시간만 허비했을지도 모르지요. 자신이 좋아하는 것, 잘할 수 있는 것, 즐길 수 있는 것, 열정을 바칠 수 있는 것을 제대로 알고 몰두했기 때문에 성공할 수 있었던 것이랍니다.

장사를 위해 뇌물을 바쳤다
임상옥

    물건을 사고파는 걸 '장사'라고 해요. 장사는 왜 하는 걸까요? 이익을 남기기 위해서죠. 조금 싸게 사서 비싸게 팔면 그 나머지 돈이 이익이 돼요.

    같은 물건이라도 지역에 따라 가격이 달라요. 가격은 희소성이 결정해요. '희소성'이란 그 물건이 얼마나 귀한지 또는 얼마나 흔한지에 따라 정해져요. 강가에 널려 있는 돌멩이는 너무 흔해서 값어치가 없어요. 하지만 어떤 현상 때문에 돌멩이가 거짓말처럼 다 없어지고 전 세계에 열 개만 남았다고 해 봐요. 돌멩이는 다이아몬드보다 더 귀해져서 부르는 게 값이 될 거예요.

    물건도 마찬가지예요. 사과가 많이 생산되는 곳에서는 값이 싸요. 그렇다면 사과가 전혀 나오지 않는 지역에 사과를 가져다 팔면 이익이 남겠죠? 장사나 무역은 이런 원리에 따른 거예요. 그래서 돈을 버는 게 목표인 사람은 장사하는 게 좋을지도 몰라요.

조선 시대에 큰 이익과 함께 '상도'를 세운 사람이 있어요. 바로 조선 후기를 대표하는 상인 '임상옥'이라는 인물이에요. '상도'는 '상인의 올바른 도리'를 말해요. 그런데 그가 밝힌 상인의 도리는 뜻밖이었어요.

"장사는 이익을 남기는 게 아니라 사람을 남기는 것이다!"

임상옥은 청나라와의 무역으로 엄청난 부자가 된 사람이에요. 은괴를 쌓으면 산등성이만 하고 비단을 쌓으면 남대문만 하다고 할 정도로 재산을 모았거든요. 그런 인물이 상인과 장사의 도리는 이익이 아니라 사람을 남기는 것이라고 말하니 놀랄 일이지요. 사람을 남긴다는 건 대체 무슨 의미일까요? 이를 짐작해 볼 재미난 이야기가 있어요.

임상옥이 무역을 위해 처음 청나라에 갔을 때, 홍등가에서 만난 한 여인이 도와 달라고 애원했어요. 딱한 사연을 듣자 임상옥은 장사 밑천으로 가져온 돈을 몸값으로 지불하고 여인을 홍등가에서 빼주었어요. 그에게는 장사보다 사람을 구하는 일이 먼저였던 거지요. 여인이 이름을 묻자, '의주 상인 임상옥'이라는 일곱 글자만 적어 주고 의주로 돌아왔어요.

돌아온 임상옥은 장사에 어려움을 겪었어요. 무려 10여 년 동안 말이지요. 그때 크게 장사하는 청나라의 부자가 갑자기 그를 찾는다지 뭐예요? 청나라에 간 임상옥은 뜻밖에도 자신이 홍등가에서 구해 준 여인을 만났어요. 그녀는 부자의 후처로 들어간 뒤, 아들을 낳아 본부인이 되었던 거예요. 여인은 지난날에 자신을 구해 준 임상옥에게 감사하며 그때 몸값으로 치른 돈의 열 배를 갚았어요. 이를 밑천 삼아 임상옥은 다시 일어설 수 있었답니다.

이렇게 사람을 보고 돈을 썼던 임상옥에게도 약점이 있었어요.

그가 신경 쓴 사업은 청나라와의 인삼 무역이었어요. 당시 청나라 사람들은 조선의 인삼이라고 하면 사족을 못 쓸 만큼 좋아했어요. 물론 인삼 값도 매우 비쌌지요. 인삼은 아무나 무역할 수 없었어요. 나라에서 허락해 준 상인만 거래할 수 있었거든요. 그렇지 못한 상인들은 목숨을 걸고 몰래 무역했지요. 임상옥도 장사꾼의 길에 처음 들어섰을 때 밀무역에 손을 댔답니다.

그는 위험한 밀무역 대신 나라에서 제대로 허락을 받아 장사하고 싶었어요. 그래서 임금의 외삼촌인 박종경 대감에게 접근하기로 했어요. 그는 박종경 대감에게 경사가 생기자 축의금으로 백지 어음을 내밀었어요. 당시 최고 권력자였던 박종경 대감에게는 찾아온 사람도, 축의금도 넘쳐났어요. 그런 사람들 가운데에서 자신의 존재를 드러나게 해야 했지요. 고민 끝에 임상옥은 백지 어음을 보낸 거예요. 백지 어음을 받은 사람이 얼마를 적든 그 금액만큼 내겠다는 뜻이죠. 백지 어음을 받은 박종경이 그를 만나 물었어요.

"하루에 숭례문을 드나드는 자가 몇이겠는가?"

"이(利)가와 해(害)가, 둘입니다. 문을 드나드는 자가 얼마이든 대감

에게 이익(利)이 되는 자와 해(害)가 되는 자 이렇게 둘밖에 없지 않겠습니까?"

"그대는 어느 쪽인가?"

"이해를 떠나 저는 대감의 마음을 얻고자 합니다."

대담한 말과 행동에 놀란 박종경은 그에게 인삼 무역을 허락했어요. 이렇게 놀라운 재치를 지닌 임상옥이 상인으로서 크게 성공한 또 다른 이야기도 있답니다.

그가 많은 인삼을 청나라에 팔러 가지고 갔을 때였어요. 그때 청나라 상인들은 음모를 꾸미고 있었어요.

"인삼을 싸게 살 좋은 방법이 있네. 우리끼리 뭉쳐 조선의 인삼을 아무도 거들떠보지 않는 거야. 그러면 하나도 팔지 못하고 돌아갈 날짜에는 헐값에 내놓을 걸세. 그때 사서 높은 값에 팔면 큰 이익이 남지 않겠나!"

그럴듯한 방법이라고 생각한 청나라 상인들은 임상옥이 팔려고 내놓은 인삼에 얼씬대지 않았어요. 예전 같으면 서로 많이 사려고 문턱이 닳도록 드나들었을 텐데 말이죠. 임상옥은 청나라 상인들의 음모를 곧 알아챘어요. 인삼이 팔리지 않는 날이 이어지자 상황은 계속 나빠졌어요. 그럼에도 임상옥은 인삼 값을 더욱 올렸답니다. 값을 올리는 그가 제정신이 아니라며 코웃음을 치는 이들도 있었지요.

며칠이 지났어요. 조선으로 돌아갈 날짜가 다가오자 임상옥의 주변 사람들은 바짝바짝 애가 탔어요.

"지금이라도 값을 절반으로 낮춰 청나라 상인들에게 넘겨야 합니다. 더 지나면 정말 헐값이 될지도 모릅니다."

임상옥은 고집을 꺾지 않고 값을 더 올렸어요. 하루는 110냥, 하루는 150냥, 하루는 160냥. 청나라 상인들은 이 상황을 몰래 살피고 있었지요. 이윽고 조선으로 돌아갈 날짜가 왔어요. 임상옥은 인삼 궤짝들을 꺼내 마당 한가운데 쌓았어요. 그다음 횃불을 들고 와 불을 놓았어요. 이 소식을 들은 청나라 상인들은 기겁했어요. 인삼이 모두 불타 버리면 자신들도 장사할 수 없어 큰 손해였거든요. 자, 그렇게 임상옥과 청나라 상인들이 팽팽히 맞선 결과는요? 청나라 상인들의 완패였답니다.

"무슨 짓이오!"

"필요 없는 인삼 아니었소?"

청나라 상인들은 허겁지겁 달려와 인삼에 붙은 불을 끄려고도 하고 불에서 인삼을 끄집어내려고도 했어요. 그러면 임상옥은 인삼을 빼앗아 도로 불에 태워 버렸어요.

"얼마면 돼! 얼마면 되겠어!"

함께 뭉쳤던 청나라 상인들은 너도 나도 높은 값을 불렀어요. 그제야 임상옥은 인삼 불태우기를 멈추었답니다. 물론 인삼 값도 예년보다 더 높여 팔았지요. 이 일은 임상옥의 이름을 널리 알린 계기가 되었어요.

이후, 의주 일대에 큰 홍수가 나자 임상옥은 자신의 재산을 털어

굶주리는 백성들을 도왔어요. 이 이야기는 임금께도 전해졌지요. 임금은 그에게 '구성부사'라는 높은 벼슬을 내렸어요. 천한 장사꾼이 높은 벼슬을 받았다며 헐뜯는 양반들이 생기자 곧바로 그 자리에서 물러나야 했지만요. 그 후로 더 이상 벼슬자리에는 나가지 않았답니다. 그는 그 후에도 재산을 풀어 사람들을 도운 조선 시대 최고의 거상이었답니다.

임상옥의 성공 포인트 — 두둑한 배짱

오늘날의 관점에서 임상옥은 아주 성공한 경영인이에요. 간이 열 개쯤 되는 배짱은 누구도 따라 하기 힘든 점이지요. 이는 청나라 상인들의 음모를 깨 버렸을 뿐만 아니라 큰 재산을 일구게 해 줬어요. 그 과정에서 청나라와의 인삼 무역을 하기 위해 높은 벼슬아치에게 뇌물로 백지 어음을 건넨 약점도 있지만요. 당시의 법에서 이런 뇌물을 주다 들키면 무거운 벌을 받아야 했어요. 물론 지금도 마찬가지예요.

임상옥은 부정부패와 거리가 먼 사람이에요. 돈만 탐내는 장사꾼도 아니었고요. 사람을 중히 여기며 철저히 믿음으로 장사했어요. 돈을 벌었다고 드러내거나 자랑하는 일도 없었어요. 오히려 백성들이 어려움에 처했을 때 기꺼이 자기 것을 아낌없이 내주었지요. 올바른 상인의 도리가 무엇인지 알고 실천하는 인물이었어요. 그가 조선 후기를 대표하는 상인으로 이름이 빛난 이유는 무엇이었을까요? 뇌물과 같은 일을 다시 저지르지 않으며 두둑한 배짱으로 훌륭한 인생 철학과 상인의 도리를 세웠기 때문이랍니다.

남들이 관심 없는 일에 신경 썼다
김정호

　그림의 종류는 다양해요. 사람의 얼굴을 그린 초상화, 자연 풍경을 그린 풍경화, 가만히 멈춰 있는 사물을 그린 정물화, 세상 사람들이 살아가는 모습을 그린 풍속화 등이 있어요. 그렇다면 우리가 사는 마을과 나라, 세계의 모양을 그린 건 뭐라고 할까요? 바로 '지도'예요. 땅의 생김새를 그린 그림이지요.

　지도에는 산맥과 강의 흐름, 사람이 사는 고을 등이 동서남북의 방위에 따라 자세히 표시되어 있어요. 지도만 있으면 처음 가 본 곳이라도 길을 잃지 않고 찾아갈 수 있지요. 과학이 발달한 오늘날에는 지도를 만드는 데 인공위성을 이용해요. 높은 곳에서 내려다본 모습을 사진으로 찍으면 그대로 지도가 되어서 지도를 만들기가 어려운 일이 아니에요. 옛날에는 그렇지 않았어요. 산 너머 산이 있고 강 너머 강이 있는 드넓은 땅을 지도에 그린다는 건 보통 힘든 일이 아니었지요. 지도 만들기는 나라에서 많은 돈을 들여 많은 사람이 일해야 겨우 완성할 수 있었죠.

조선 시대에 이 어려운 일을 혼자 힘으로 해낸 인물이 있어요. 그가 바로 '고산자 김정호'예요. 그는 조선 팔도의 지도를 만드는 일에 평생을 바쳤어요. 그리하여 역사에 길이 빛날 〈대동여지도〉를 남겼지요. 이 엄청난 지도가 그에게 엉뚱한 고초를 겪게 했다고 다음 같은 이야기가 전해지기도 해요.

어느 날, 들이닥친 포졸들은 김정호를 끌고 갔어요. 이유가 뭐였냐고요? 지도를 만들어 나라의 비밀을 밖으로 빼내려 했다는 것이었어요. 잡혀간 그는 누명을 쓰고 매를 맞아야 했어요. 〈대동여지도〉를 만든 그가 다른 나라의 첩자라고 생각했던 거예요. 또 나라의 비밀을 팔아 큰돈을 챙기려 했다고도 여겼지요. 생각할수록 참으로 어처구니가 없는 일이에요. 나라에서 상을 내리지는 못할망정 매를 때리고 옥살이를 하게 하다니 말이죠. 여기에는 그럴 만한 사정이 있었다고 전해져요.

당시 조선에서 권력을 잡고 있던 사람은 고종의 아버지 흥선대원군이었어요. 그는 나라의 문을 안으로 꼭꼭 걸어 잠근 채 다른 나라와 교류하지 않는 쇄국 정책을 폈어요. 조선을 자유롭게 오간 다른 나라가 조선을 집어삼키려 할지 모른다고 생각했거든요. 〈대동여지도〉가 외세의 손에 들어가면 조선의 비밀이 새어 나가 침탈에 이용되지

 않을까 염려하기도 했고요. 그만큼 <대동여지도>는 훌륭하고 정밀한 지도였어요.
 김정호는 지도를 만들기 시작할 때부터 많은 어려움을 겪었어요. 주위 사람들에게 애꿎은 소리도 자주 들었답니다.
 "지도인가 뭔가 만든다고 처자식도 팽개치고 밤낮없이 쏘다니니 꼭 미친 사람 같아!"
 "그거 만든다고 밥이 나오나 떡이 나오나. 세상에 저런 얼간이가 따로 없어!"

사람들이 수군거리는 소리에도 그는 아랑곳하지 않았어요. 평민으로 태어나 가난하게 살았지만 지도에 대한 열정은 남달랐거든요.

김정호는 백성들이 볼 수 있는 올바른 지도를 만들기 위해 온 힘을 쏟았답니다. 지도를 만드는 데 필요한 공부를 끊임없이 하고 조선에 있는 산과 강과 마을을 다녔고요. 기존에 나온 자료들까지 모아 더 정밀하고 새로운 지도를 만들려고 했어요.

그렇게 노력한 끝에 마침내 1834년에 우리나라의 전국 지도를 완성했어요. 이 지도가 바로 〈청구도〉랍니다. 이제껏 나온 지도보다 크고 과학적으로 만들어졌지만 그는 여기에 만족하지 않았어요.

'이 지도는 어딘가 부족해. 좀 더 자세하고 정확한 지도를 만들어야겠어!'

그는 다시 길을 떠나기 위해 봇짐을 챙겼어요. 그런 김정호를 아내가 가로막았어요. 그동안 어린 딸을 데리고 아내 혼자서 살림살이를 꾸려 가느라 온갖 고생을 다했거든요. 김정호는 아내를 볼 때마다 늘 미안한 마음을 금할 길이 없었지요. 그럼에도 그에게는 지도의 완성이 더 중요했어요. 그렇게 떠난 길은 고생이 이만저만이 아니었답니다. 지금처럼 교통이 발달하지 않은 시대라 발바닥이 부르트도록 걷고 또 걸어야 했거든요. 음식을 얻어먹어야 했고 굶기를 밥 먹듯 했어요. 잠자리도 마찬가지였어요. 남의 집에서 하룻밤 신세를 지거나 그것도 여의치 않으면 이슬을 맞고 잠을 자야 했지요. 겨울에는 동상에 걸려 발이 퉁퉁 붓기도 했고요.

지도에 대한 김정호의 열정은 누구도 꺾을 수 없었어요. 어떤 어려움에도 포기하지 않고 자료를 모으고 계속 지도를 만들었지요. 그렇게 1년이 가고 2년이 가고 3년이 가고. 이윽고 30년이란 긴 세월이 흘렀어요. 누구도 알아주지 않았던 작업이었지만 마침내 〈대동여지도〉가 세상에 빛을 보았답니다.

김정호의 성공 포인트: 변함없는 끈기

김정호는 〈대동여지도〉를 만든 이유를 이렇게 말했어요.

"이 지도는 나라가 어지러울 때는 적의 무리를 쳐부수는 데 도움이 될 것이고 나라가 평화로울 때는 정치하는 데 도움을 줄 것이며 백성을 잘살게 하는 데 쓰일 것이다."

이 말처럼 그는 부자가 되기 위해 지도를 만든 것도, 명예를 얻기 위해 만든 것도 아니었어요. 오로지 나라와 백성들을 위하는 마음으로 만들었답니다.

〈대동여지도〉는 김정호의 끈기가 아니었다면 얻을 수 없는 성과였어요. 안타깝게도 그는 살아생전 영광을 누리지는 못했답니다. 그럼에도 그의 업적은 우리의 역사에서 오늘도 찬란하게 빛나고 있어요.

사고를 치는 말썽꾸러기였다
김구

"우리 역사에서 가장 존경하는 인물은 누구인가요?"

이런 설문 조사를 한다면 과연 1위는 누가 될까요? 세종대왕 아니면 이순신 장군? 뜻밖에도 김구 선생으로 나오는 경우가 많답니다.

그가 어떤 인물인지 잘 모르는 친구가 있다면 매우 안타까운 일이에요. 자기 집안의 아버지가 누군지 모르는 것과 다를 바 없거든요. 무슨 말인지 잘 이해가 안 간다고요?

고조선을 세운 건 단군, 고려를 세운 건 왕건, 조선을 세운 건 이성계예요. 그렇다면 대한민국을 세운 사람은 누구일까요? 이 질문에 선뜻 대답하기가 어렵지요? 대한민국은 옛날처럼 임금이 다스리는 왕조 국가가 아니에요. 누가 세웠는지 콕 집어 말하기는 어려워요. 하지만 건국의 기초를 놓은 사람은 있어요. 그 사람이 바로 지금부터 이야기할 김구 선생이랍니다.

1919년 3월 1일에 삼일 운동이 일어나자 뜻있는 독립운동가들이 중국 상하이에 모여 대한민국임시정부를 세웠어요. 완전한 형태는 아니지만 우리 민족의 정부가 들어선 거죠. 그 중심에 있던 인물이 바로 김구 선생이에요. 대한민국임시정부 하면 곧바로 그를 떠올릴 만큼 선생은 중요한 역할을 했답니다.

우리나라 헌법에 "삼일 운동으로 세워진 대한민국임시정부의 법통을 계승한다."라고 밝혀 놓았어요. 임시정부는 이렇게 대한민국 건국의 뿌리였던 셈이죠. 따라서 백범 김구 선생이 건국의 기초를 놓았다고 해도 지나친 말이 아니에요. 이것이 그를 '건국의 아버지'로 불러야 하는 까닭이랍니다.

선생은 자신의 파란만장한 삶을 《백범 일지》에 남겼어요. 이 책에는 위인의 모습이라고 보기 힘들 만큼 날마다 사건 사고를 일으키는 선생의 어린 시절 이야기가 남아 있답니다.

어린 시절, 선생은 장난이 심했어요. 어찌나 도가 지나친지 부모님께 혼이 나거나 매 맞기 일쑤였어요. 어느 정도였는지 다음 이야기를 보세요.

어느 날, 엿장수가 집 앞을 지나가며 고래고래 소리를 질렀어요.

"부러진 수저나 못 쓰는 그릇으로 엿들 사시오. 둘이 먹다 하나가 죽어도 모를 맛있는 호박엿이오, 엿!"

다섯 살이던 선생의 입에는 군침이 돌았어요. 참다못한 선생은 아버지의 멀쩡한 숟가락을 부러트려 엿을 바꿔 먹다 들통나 크게 꾸중을 들어야 했어요.

또 한 번은 돈 때문에 벌어진 사건이었어요. 아버지가 아랫목의 이불 속에 숨겨 둔 돈 스무 냥을 우연히 발견한 거예요. 이 스무 냥은 당시에 집을 살 만큼 큰돈이었어요. 군것질이 하고 싶었던 선생은 겁도 없이 돈을 홀랑 들고 나가 장터로 향했답니다. 친척 어른은 엽전 꾸러미를 꿰차고 나서던 선생을 보고 물었지요.

"너, 그 큰돈을 들고 어딜 가는 거냐?"

"떡 사 먹으러 장에 가요!"

천연덕스러운 대답에 크게 놀란 친척 어른은 엽전 꾸러미를 빼앗은 뒤 아버지에게 알렸어요. 화가 난 아버지가 기둥에 묶어 두고 회초리를 들었지만 친척 어른이 말리는 바람에 그만두었어요. 여기서 끝이 아니었답니다. 장맛비가 내려 작은 시내가 생기자 선생은 흐르는 물에 붉은 물감과 푸른 물감을 꺼내 풀어 버렸어요. 그리고 두 물감이 섞여 붉은 시내와 파란 시내가 섞이는 모습을 즐겁게 구경하다 어머니께 크게 혼이 나기도 했지요.

이런 철없는 개구쟁이가 커서 독립운동가가 된 데는 사건 하나가 계기가 되었답니다. 당시 일제는 우리 궁에 쳐들어와 명성황후를 잔인하게 죽이는 끔찍한 일을 저질렀어요. 분에 찬 백성들은 저마다 이를 갈았죠. 혈기 왕성한 선생도 분에 못 이겨 복수를 벼르고 있었어요. 그러

던 중 치하포에서 일본 낭인 둘을 맞닥트렸어요. 그때 선생은 망설였어요. 칼을 찬 낭인에게 잘못 덤볐다가 목숨을 빼앗길 수도 있었으니까요. 그렇게 고민하던 순간, 스승인 고능선 선생의 가르침이 떠올랐어요. 의로운 일에 목숨을 아끼지 말고 떨쳐 일어나야 한다는 가르침이 말이죠. 결단을 내린 선생은 단번에 낭인 둘을 처단했어요. 이후로 일제에게 쫓기는 신세가 되었지만 항일 독립운동가로서 첫발을 내딛었답니다.

'백범'이란 선생의 호는 일제에 맞서다 옥에 갇혀 있을 때 지은 거예요. 우리나라에서 가장 천하다는 '백정'과 평범한 사람 '범부'까지 애국심을 가졌으면 하는 소망을 담아 앞 글자의 하나씩을 따서 지었죠. 감옥에서 뜰을 쓸고 유리창을 닦을 때마다 그는 이렇게 하느님께 빌었다고 해요.

'우리나라가 독립하여 정부가 생기거든 그곳의 뜰을 쓸고 유리창을 닦는 일을 해 보고 죽게 하소서!'

선생은 이런 소망을 실현하기 위해 한평생을 독립 운동에 바쳤어요. 그렇게 임시정부에 몸담을 때만 해도 정부 청사의 말단 일꾼인 문지기만 되어도 여한이 없다 생각했죠. 이후 해방을 맞을 무렵의 선생은 임시정부를 이끄는 주석이 되어 있었어요.

선생은 행동하는 독립운동가였어요. 일제의 교육이 아닌 우리의 교육으로 사람들을 일깨우려고 했답니다. 나라를 강하게 하려면 사람들에게 지식이 있어야 한다고 생각했던 거예요.

"배워서 남 주자! 그래야 나라가 강해진다!"

민족을 일깨우고 일제의 지배에 맞서는 선생의 독립 운동은 끝을 몰랐어요. 대한민국임시정부를 이끌며 여러 애국 단체를 세웠고요. 이봉창과 윤봉길 의사 등을 보내 일제의 관리를 암살하거나 주요 기관을 파괴했어요. 나라와 민족을 배신한 이들도 살려 두지 않았고요. 이런 활약에 일제는 선생의 현상금으로 무려 60만 원이나 걸었답니다! 이 돈은 지금의 120~180억 원에 맞먹는 액수였어요.

일제가 독립투사들에게 가혹한 탄압을 일삼던 시절. 붙잡히면 목숨을 잃을지 모르는 위험은 언제나 있었어요. 선생은 어떤 어려움에도 굴하지 않고 꿋꿋하게 독립 운동을 펼쳐 나갔어요.

또 나라의 평화를 지키기 위해 무장 투쟁도 이끌었답니다. 선생을 비롯해 임시정부를 이끈 사람들도 해외에서 숱한 고생을 했고요.

이렇게 나라와 민족을 위해 애쓴 선생이 아니었다면 일제의 지독한 탄압에서 임시정부는 명맥을 이어 가기 어려웠을지 몰라요. 선생은 온갖 시련이 닥쳤음에도 죽음을 두려워 않고 일제에 항거했어요. 그 덕분에 우리 민족의 가슴에 '대한 독립'이라는 희망의 결실을 남길 수 있었지요.

**김구의 성공 포인트
단호한 결단**

임시정부 시절, 김구 선생은 한인애국단을 조직해 일제의 관리들을 암살하며 끊임없이 일제를 괴롭혔어요. 이봉창 의사와 윤봉길 의사의 폭탄 투척 사건도 김구 선생이 세운 계획과 결단 덕분이에요.

선생은 독립 운동에 평생을 바치며 무장 투쟁도 마다하지 않았어요. 남의 말이나 어떤 어려운 상황에서도 흔들리지 않는 결단을 내리고 행동하는 분이었죠. 하지만 누구보다 평화를 사랑한 분이었어요.

선생이 꿈꾸었던 나라의 미래는 강성한 나라도 아니요, 부유한 나라도 아니요, 문화가 아름다운 나라였어요. 문화가 아름다운 나라는 자기 국민을 행복하게 만들 뿐 아니라 다른 민족에게도 행복을 전해 준다고 생각한 거예요.

민족의 미래를 밝히기 위해 자신을 버린 헌신적 활동과 결단은 선생의 삶을 성공으로 이끌었답니다. 오늘날 우리가 걱정 없이 안녕을 누리는 것도 김구 선생 같은 독립운동가들이 강한 결단을 내리고 삶을 바쳐 일제와 싸운 덕분임을 잊지 말아야 해요.

중요한 약속을 못 지켰다
손재형

    국보는 나라에서 정하여 법으로 보호하는 문화재예요. 추사체로 유명한 김정희의 <세한도>도 우리나라의 국보랍니다. 나라의 보물로 삼을 만큼 대단한 명작이죠. 이 작품은 기구한 운명을 타고났어요. 이리저리 떠돌다가 2020년에 겨우 국립중앙박물관이 소장하게 되었거든요. 이렇게 되기까지 과정을 살펴보면 한 편의 드라마보다 더 파란만장해요. 그 사연만큼이나 <세한도>에는 애틋한 이야기가 있어요.

    <세한도>는 누명을 쓴 김정희가 제주도에서 귀양살이를 할 때 자신을 보살펴 준 제자 이상적에게 준 선물이에요. 그는 끊임없이 애써 준 이상적에게 마음 깊이 고마움을 갖고 있었어요. 뭔가 보답하고 싶었기에 온 마음을 다해 정성스레 <세한도>를 그렸어요. 이상적은 스승이 보낸 멋진 그림을 받고 기뻐 어쩔 줄 몰랐어요.

이듬해 이상적은 청나라에 가서 유명한 문인들을 불러 〈세한도〉를 선보였어요. 그들은 앞다투어 침이 마르도록 칭찬하는 시와 글을 지었어요. 이상적은 이를 모아 10미터에 달하는 두루마리로 엮었지요. 〈세한도〉에는 그림과 함께 이 글들이 길게 붙어 있답니다.

훗날 이상적이 죽고 〈세한도〉는 주인이 여러 번 바뀌었어요. 이상적의 제자였다가, 평안감사였다가, 평안감사의 아들이었다가, 마지막으로 일본인으로 말이지요.

일제 강점기 무렵, 추사 김정희를 연구하던 일본인 학자 후지츠카는 평안감사의 아들인 민규식에게서 〈세한도〉를 사들였어요. 그리고 오랫동안 그의 소유가 되었지요. 그때 일제에게 지배를 받는 것도 억울한데 귀중한 문화재마저 일본인의 손에 놓아둘 수 없다고 생각한 한 서예가가 있었답니다.

1943년의 여름에는 일제가 미국 하와이의 진주만을 기습하면서 벌어진 태평양 전쟁이 한창이었어요. 처음에는 기세 좋게 공격했으나 시간이 흐를수록 일제의 상황은 불리해지고 있었지요. 이때 한 서예가는 일제의 패배를 기대하면서도 일제가 철수하는 것을 염려하고 있었어요. 귀한 우리 문화재 〈세한도〉를 가져가 버리면 낭패였으니까요. 어떻게 해서든 작품을 되찾아와야겠다고 결심했지요.

그는 〈세한도〉를 갖고 있는 후지츠카를 찾아가 한껏 예의를 갖춰 정중하게 돌려 달라고 말했어요. 물론 돌려줄 리가 없었지만요. 여기까지만 보면 서예가와 후지츠카 사이에 일어난 일이 별일처럼 보이지

는 않을 거예요.

이듬해 여름, 태평양 전쟁이 막바지에 이르며 일본으로 돌아가는 일본인이 하나둘씩 생겼어요. 후지츠카도 일본으로 돌아갔고요. 뒤늦게 이 사실을 안 서예가는 크게 낙심했지만 포기하지 않고 후지츠카를 쫓아 일본에 건너갔어요. 부산에서 배를 타고 일본에 들어가 묻고 물어 후지츠카의 집을 찾아갔지요.

미군의 공격이 한창이던 당시의 도쿄는 머리 위에서 언제 폭탄이 떨어질지 모르는 위험한 곳이었어요. 그럼에도 그는 후지츠카에게 <세한도>를 넘겨 달라고 끈질기게, 끝없이 매달렸어요. 후지츠카도 어지간한 사람은 아니었나 봐요. 서예가의 요청을 그때마다 단호히 거절했거든요.

서예가는 질리지도 않고 다음 날, 또 다음 날 찾아가 <세한도>를 돌려 달라고 졸랐어요. 그렇게 하기를 무려 두 달. 후지츠카는 조심스레 말했어요.

"내가 죽은 뒤에 선생께 <세한도>를 넘기라고 유언을 남겼소. 그러니 안심하고 본국에 돌아가 계시오."

웬만한 사람이라면 그 말을 믿고 돌아갔겠지만 그는 그렇게 하지 않았어요. 후지츠카를 찾아가는 일을 멈추지 않았으니까요. 그렇게 하기를 무려 석 달 즈음. 마침내 후지츠카는 두 손을 들고 말았답니다.

서예가의 진심을 안 후지츠카는 어떤 보상도 받지 않겠다며 <세한도>를 돌려주었어요. 결국 뜻을 이룬 그는 <세한도>를 가지고 서울로

101

돌아왔어요.

 돌아온 지 석 달쯤 지난 1945년 3월의 어느 날, 미군의 공격에 도쿄는 불바다가 됐어요. 후지츠카의 가족은 미군의 공격을 피해 서둘러 다른 곳으로 떠났고 집은 불에 타 잿더미가 되고 말았지요. 조선의 서예가가 우직한 고집으로 돌려받은 <세한도>는 그렇게 기적적으로 살아남았답니다.

쇠심줄보다 질긴 집념을 가진 이 사람이 바로 소전 손재형 선생이에요. 대한민국의 대표 서예가인 선생은 '서예'라는 단어를 처음으로 만든 분이기도 해요. 오랜 연구 끝에 '소전체'라는 자신만의 글자체도 만들었고요.

선생의 한글 글씨는 70년대 국정 교과서와 법전 제목은 물론 월간 <샘터>의 제목으로 만나 볼 수 있어요.

〈세한도〉를 도로 찾아오고 '서예 발전'이라는 업적을 이룬 선생에게 안타까운 일은 그 뒤에 벌어졌어요.

국회의원 선거에 나온 선생은 선거 자금이 많이 부족했어요. 결국 자신의 소장품 가운데 정선의 〈인왕제색도〉와 〈금강전도〉를 당시 삼성의 이병철 회장에게 넘기고 말았답니다.

〈세한도〉는 후지츠카와의 약속을 생각해서 차마 팔 수 없었어요. 그래서 사채업자 이근태에게 맡기고 돈을 빌려 썼어요. 물론 돈이 생기면 다시 찾아올 생각이었고요.

불행하게도 국회의원 선거에 떨어져 〈세한도〉는 찾아올 수 없었어요. 빌려 준 돈을 찾아야 했던 이근태는 미술품 수집가인 손세기에게 〈세한도〉를 팔았어요. 그가 죽자 아들인 손창근이 〈세한도〉의 주인이 되었답니다. 손창근은 〈세한도〉가 귀한 문화재임을 알고 2020년에 국립중앙박물관에 기증했어요. 손재형 선생의 집념으로 돌아온 〈세한도〉는 마침내 국민의 품에 안길 수 있었답니다.

손재형의 성공 포인트
끈질긴 집념

　문화는 그 나라나 민족이 가진 정신적 유산의 수준을 가늠할 수 있는 척도예요. 문화 수준이 높으면 주변 나라들에게 부러움을 사지요. 그래서 저마다 자기 나라와 민족의 문화를 자랑하고 지켜 나가려고 애쓰는 것이죠.

　문화유산은 저절로 지켜지는 게 아니에요. 관심을 기울이지 않고 소홀히 대하면 빼앗기기도 해요. 세계 최초의 금속 활자로 주목받는 〈직지심경〉이 그 대표적 예예요. 이 귀중한 문화재는 현재 프랑스에 가 있어요. 혼란스러운 구한말에 프랑스가 빼앗아 갔지만 다시 찾아오기는 매우 어려워요. 국보급 명작인 안견의 〈몽유도원도〉 역시 마찬가지예요. 이 작품은 현재 일본의 국보로 정해져 있어요. 그 외에도 해외에 있는 귀중한 우리 문화재는 수없이 많아요.

　문화재의 가치는 돈으로 그 값을 매길 수 없어요. 손재형 선생처럼 뜻있는 분의 집념이 아니었다면 〈세한도〉의 운명은 어찌 되었을까요? 완전히 사라져 기록에서나 찾아볼 수 있는 작품이 되었을지도 몰라요. 작품을 얻기까지의 끈질긴 집념은 길이 칭찬을 받아 마땅하지요.

　다만 이후의 과정이 안타까운 부분이에요. 작품을 잘 보존하겠다는 후지츠카와의 약속을 지키지 못했거든요. 선생이 보여 준, 작품을 얻기 전과 후의 모습은 성공한 삶이 되려면 어떻게 하면 되고 어떻게 하면 안 되는지를 동시에 보여 주고 있답니다.

어마어마한 재산을 탕진했다
전형필

대한민국의 수도 서울의 옛 이름은 한양이에요. 태조 이성계가 조선을 세우면서 도읍을 정한 뒤로 600여 년의 기나긴 역사를 가진 곳이죠. 이 도시를 빙 둘러싼 도성의 북쪽에 '성북동'이라는 아담한 동네가 있어요. 성의 북쪽에 있다 하여 '성북동'이라 부르는 이곳에 우리 문화가 살아 숨 쉬는 미술관이 하나 있답니다. 바로 우리나라 최초의 사립 미술관인 '간송미술관'이에요.

간송미술관은 한국의 국보를 가장 많이 소장한 박물관이기도 해요. '간송'이란 이름은 설립자인 전형필 선생의 호에서 따왔어요. 이 미술관에는 겸재 정선과 추사 김정희, 단원 김홍도의 그림은 물론, 도자기와 석조물 등 국보급 보물들이 가득해요. '빛나는 보물을 모아 둔 집'이라는 '보화각'으로도 불리고 있어요. 이 간송미술관을 세운 전형필 선생은 어떤 분일까요?

선생은 서울에서 으뜸가는 부잣집 아들로 태어났어요. 선생이 태어난 이후 일제는 우리의 땅을 강제로 빼앗았을 뿐 아니라 우리의 정신까지 빼앗으려고 애썼어요. 그래서 선조들의 얼이 서린 귀중한 것들을 마구잡이로 쓸어 갔답니다. 이를 두고 볼 수 없었던 선생은 자신이 가진 어마어마한 재산을 털어서 무언가를 하기로 했답니다. 대체 무슨 일을 어떻게, 얼마나 했는지 이야기를 들어 볼까요?

선생은 청년 시절부터 많은 재산을 특이하게 썼어요. 이런 행동 때문에 뭇사람들에게 오해를 받아 손가락질을 당하기도 했지요.

기와집 한 채가 1000원이던 시절에 오래된 그림을 5000원에 사고.

오래된 도자기를 2만 원에 사고.

낡아 빠진 그릇 하나를 1만 원에 사고.

그가 큰돈을 들여 낡은 것들을 사들일 때마다 사람들은 이렇게 수군댔어요.

"쯧, 저러다 조상에게 물려받은 그 많은 가산을 모두 탕진하겠구먼. 먹지도 입지도 못하는 그림 쪼가리나 도자기 따위를 무엇 하러 그리 비싼 값을 주고 사들이는지 원!"

그가 물려받은 재산을 쌓아 두고 호의호식했다면 이런 비난을 듣지 않았을지도 몰라요. 하지만 남들의 뒷말에 아랑곳없이 그는 낡은 물건들을 계속 사들였어요. 어딘가에 낡은 물건이 있다고 하면 먼 길도 마다하지 않고 한달음에 달려갔답니다. 물건을 살 때 분야를 가리지도 않았고요. 오래된 그림이나 글씨는 물론이고 고려청자·조선 백자·불상·서적 등에 이르기까지 낡은 것들이란 낡은 것들을 모았어요.

선생에게 오래된 것들을 사 모으는 것은 그렇고 그런 취미가 아니었어요. 그에게는 훌륭한 인품과 물건을 보는 안목이 있었거든요. 남들이 보기에 바보 같은 일들이 사실은 나라를 구하는 일이 되었답니다. 그래요, 여러분이 짐작하는 대로 이 낡은 물건들은 바로 '문화재'였어요.

일제의 지배가 더 악랄해지던 1940년 어느 날, 누군가 선생에게 귀한 책이 있다고 귀띔했어요. 이 이야기를 들은 선생이 지나칠 리가 없었지요. 물어물어 찾아간 집에서 낡은 책을 본 선생은 흥분했어요.

"값은 얼마든지 치를 테니 저에게 넘기시죠!"

낡은 책을 보고 아낌없이 값을 치르던 선생이 늘 입버릇처럼 하던 말을 뱉었어요. 하지만 평소보다 열 배 이상은 더 흥분한 목소리였답니다. 이에 책의 주인이 대답했지요.

"조상 때부터 물려받은 귀한 책입니다. 집안 사정이 어려워서 내놓은 것이니 기와집 한 채 값은 주셔야 합니다."

선생과 같이 온 분은 낡은 책 한 권의 값으로 기와집 한 채 값을 달라는 말이 너무하다고 생각했어요. 그런데 이게 웬일일까요? 선생은 거기에서 한술 더 뜨지 않겠어요?

"민족의 보물을 기와집 한 채 값에 산다면 제대로 된 대접이 아니오. 열 채의 값을 쳐 드리겠소!"

이 책이 바로 한글의 창제 원리를 풀이한 《훈민정음해례본》이에요. 선생은 자신이 모은 문화재들 가운데 이 책을 유난히 아끼고 사랑했어요. 무엇보다 일제에게 들키지 않도록 철저히 비밀에 부쳤답니다. 일제에게 들킨다면 분명히 빼앗겼을 테니까요.

해방된 뒤에야 책을 공개했지만 6·25 전쟁이 터졌을 때도 이 책을 지키기 위해 안간힘을 썼어요. 오동나무 상자에 책을 잘 담아 피난을 떠났고요. 잃어버리지 않도록 베개 삼아 머리에 베고 잤을 정도였다고 해요.

　선생의 이런 노력 덕분에 무사할 수 있었던 책은 한글의 비밀을 밝히는 데 큰 몫을 했답니다. 책에는 글자를 만든 목적과 쓰임새, 제작 원리 등이 상세히 적혀 있었거든요.

　오늘날 《훈민정음해례본》은 국보로 정해져 있어요. 1997년 10월에 유네스코의 세계 기록 유산으로도 올랐답니다.

　선생이 물려받은 재산을 아낌없이 쓰지 않았더라면 일제 강점기에 잃어버린 우리의 문화유산은 더 많았을지도 몰라요. 이런 공에 비춰

볼 때 전형필 선생은 침이 마르도록 칭찬받아 마땅한 위인이에요. 그가 아니었다면 우리는 수많은 문화재를 영영 보지 못했을지도 몰라요. 그만큼 한국의 미술사도 빈약해졌을 테지요.

전형필의 성공 포인트 — 헌신적인 수집

전형필 선생은 일제의 침탈에 맞서 우리의 문화유산을 지킨 독립투사라고 할 만해요. 꼭 총을 들고 싸워야만 독립 투쟁은 아니죠. 남다른 신념으로 평생 한길을 꿋꿋하게 걸었기 때문에 많은 사람에게 존경을 받고 있는 거예요. 동양의 고전 《논어》에 이런 글이 있어요.

"세상이 정의롭고 나라가 평안할 때는 가난하고 천하게 사는 게 부끄러운 것이요, 나라가 어지럽고 세상이 그릇되었을 때는 부유하고 귀하게 사는 게 부끄러운 것이다."

간송 전형필 선생이 살던 시대는 후자였어요. 즉 부유하고 귀하게 사는 게 부끄러운 시대였지요. 일제의 지배에 온 민족이 고통을 당하고 있었거든요. 이완용처럼 민족을 배반하고 나라를 팔아먹은 자들은 호의호식했지만 극히 부끄러운 삶을 산 것이죠.

전형필 선생은 그러지 않았어요. 혼자서 얼마든지 잘살 수 있었음에도 모든 재산을 쏟아부어 헌신하는 마음으로 우리 문화재를 지키는 데 힘썼어요. 그 덕분에 오늘날 우리가 문화유산을 마음껏 감상할 수 있는 것이랍니다.

너무 착해서 바보 같았다
장기려

《국어사전》에서 '바보'라는 낱말을 찾아보면 이런 설명이 나와요.

• 못나고 어리석은 사람을 얕잡아 일컫는 말.
• 지능이 떨어져 정상적으로 판단하지 못하는 사람.

비슷한 말로 못난이·멍청이·얼간이·머저리·팔불출·천치 등이 있어요. 한국의 슈바이처로 불리는 장기려 박사에게 '바보 의사'란 별칭이 붙곤 해요. 의사가 되려면 공부도 많이 하고 똑똑해야 하는데 그는 정말 바보였을까요? 당연히 아니에요.

여기서 잠깐 그의 이력을 간단히 알아볼게요.

일제 강점기인 1932년 경성의학전문학교를 수석으로 졸업하고 해방

직후인 1947년에 평양의과대학과 김일성종합대학의 외과 교수를 지냈다. 한국 전쟁 이후 남한으로 내려와 서울대와 부산대, 가톨릭대 등 여러 의과대학의 교수로 재직하며 의료 인재 양성에도 힘썼다. 부산복음병원을 세워 초대 원장을 맡았으며 전 국민의 의료 보험이 안 되어 있던 시절에 가난한 사람들을 위해 청십자의료보험조합을 세워 대표이사가 되었다. 한국인에게 발병률이 매우 높은 간암을 깊이 연구하여 한국 최초로 간암 덩어리를 대량으로 떼어 치료하는 데 성공하였다. 아시아의 노벨상으로 불리는 막사이사이상을 비롯하여 수많은 상과 훈장을 받았다.

이처럼 화려한 이력이 있는 박사를 왜 '바보 의사'라 불렀을까요? 의사로서 오로지 환자만 생각하고 치료 외에는 돈이나 명예 따위에 별 관심이 없었거든요. 박사의 이야기를 살펴볼까요?

그는 6·25 전쟁 때 부산에 복음병원을 세워 병든 사람들을 치료했어요. 전쟁이라 가난한 사람들이 많아 돈을 받지 않고 진료했지요. 그러자 전국에서 소문을 듣고 찾아오는 환자가 시간이 갈수록 많아졌어요. 환자가 늘어날수록 병원을 운영하는 데 필요한 돈은 언제나 모자랐지요. 직원들 월급조차 주기 어려웠고요. 그대로 계속 가다가는 병원을 닫아야 할 형편이었어요. 가난한 환자들은 오갈 데가 없어지니 큰일이 아닐 수 없었답니다. 하는 수 없이 환자들에게 돈을 조금씩 받을 수밖에 없었어요.

하루는 환자를 둘러보다가 진작 퇴원했어야 할 환자가 병실에 있는 게 박사의 눈에 띄지 않겠어요? 이유를 묻자 병원비가 없어서 퇴원을 못 한다는 대답이 돌아왔지요. 직원들에게 불같이 화를 낸 그는 그날 밤, 환자의 병실에 찾아가 조용히 말했어요.

"병원 뒷문을 열어 놨으니 얼른 나가세요!"

그러고는 집에 갈 차비까지 챙겨 줬다고 해요. 그 뒤로도 박사는 돈 없는 환자를 뒷문으로 내보냈어요. 이런 일이 알려진 뒤 직원들 사이에서 '바보 의사'라는 별명이 붙었다고 해요. 어려워지는 병원 형편은 생각도 안 하고 남의 딱한 처지만 걱정했으니 바보가 틀림없지요.

박사는 집을 마련할 돈이 없어서 병원의 옥탑방에서 욕심 없이 살았어요. 어느 날 옥탑방에 걸어 놓은 한복을 도둑맞았어요. 그 한복은 제자가 준 선물이었지요. 도둑은 다급하게 훔쳐 가느라 한복 허리끈을 방바닥에 떨어트렸어요. 그걸 본 그가 끈을 주워 들고 뭐라고 했게요?

"한복은 허리끈이 있어야 제값을 받을 텐데……."

오히려 도둑이 값을 제대로 못 받을까 봐 걱정하고 있었답니다. 또 한 번은 도둑이 박사의 옥탑방에 값나가는 물건이 없자 책꽂이의 책들을 꺼내 짐을 싸고 있었어요. 때마침 방에 들어서던 박사와 눈이 딱 마주친 거예요. 도둑이 잘못을 빌자 이렇게 말했어요.

"그걸 가져가면 어디든 팔 게 아닌가? 가져간 셈 치고 나한테 팔게. 의학 서적이라 살 사람도 없을 테고 나한테는 꼭 필요한 책이니 제값을 쳐주겠네."

도둑은 그가 주는 돈을 받고 나오면서 눈물을 흘렸어요. 장기려 박사는 태어날 때부터 도둑인 사람은 없다고 생각했어요. 가난이 평범한 사람을 도둑으로 만들었다고 여겨서 아낌없이 나눠 주었지요.

어떤가요? 이 정도면 '바보 의사'라는 소리를 들을 만하죠? 이렇게 사람을 먼저 생각해 존경을 받았던 박사에게도 남모를 아픔이 있었어요.

전쟁이 터져 박사가 평양의대병원에서 국군들을 치료할 때였어요. 느닷없이 폭탄이 떨어져 서둘러 피하는 바람에 사랑하는 아내와 생이별을 하고 말았답니다. 이후 평생 홀몸으로 지내며 북한에 있는 아내와 가족을 그리워했지요.

"창문을 두드리는 빗소리가 당신인 듯하여 잠을 깨었소. 그럴 리가 없지만 혹시 하는 마음에 달려가 문을 열어 봤으나 그저 캄캄한 어둠뿐. 허탈한 마음을 주체 못 해 불을 밝히고 이 편지를 씁니다."

시간이 흐르고 정부에서 '남북한 이산가족 고향 방문 사업'을 벌일 때 기회가 찾아왔어요. 방문단에 뽑혀 북쪽에 있는 아내를 만날 수 있었거든요. 박사는 이 좋은 기회를 거절했어요. 방문단에 이름을 올린 사람이 대부분 사회 지도층이었기 때문이에요. 이산가족의 아

품을 누구보다 잘 알았기에 박사는 다른 사람에게 자신의 자리를 양보했지요. 이를 안타깝게 여긴 박사의 제자가 미국에서 북한과 협의하여 박사 부부를 만날 수 있도록 힘썼어요. 하지만 그 기회마저 사양했답니다. 그런 특권을 누리면 다른 이산가족들의 아픔과 슬픔이 더 커진다는 이유에서였지요. 결국 빛바랜 사진을 보면서 아내와 가족을 그리워하다 세상을 떠나고 말았답니다.

장기려의 성공 포인트 - 아낌없는 나눔

누구나 존경할 만큼 훌륭한 삶을 산 장기려 박사가 어려서부터 반듯한 모범생이었을 거라 생각하기 쉬워요. 실제로는 보통 아이들과 다르지 않았어요. 실수도 하고 잘못도 많이 저질렀거든요. 불량한 아이들과 어울려 담배를 피우다가 들켜 혼나기도 했고 도박판에 빠져 공부를 소홀히 하기도 했답니다.

누구나 실수와 잘못을 저지를 수 있어요. 하지만 이를 바로잡는 일은 쉽게 하지 못해요. 장기려 박사가 훌륭한 이유는 똑같은 실수와 잘못을 반복하지 않고 올바른 길을 찾아가는 나침판으로 삼았다는 거예요. 의사가 된 뒤에 척추를 수술하다가 신경을 잘못 건드려 환자가 허리 아래쪽을 쓰지 못한 일도 있었어요. 이때 박사는 실수를 인정하고 평생 환자를 돌보며 용서를 구했어요. 이런 노력이 박사를 베푸는 삶으로 이끌었고 위인으로 만들었어요. 평생 사람들에게 베푸느라 가난하게 살았던 장기려 박사. 늘 입버릇처럼 이렇게 말했다고 해요.

"나는 가진 게 너무 많은 사람이오."

재물은 없었지만 박사에게는 나눔의 기쁨이 가득했어요. 나눔이 또 다른 나눔을 낳아 그의 마음을 부자로 만들었던 것이죠.

섬세했지만 예민하고 소심했다
이중섭

서양에서 전설이 된 화가 고흐가 있다면 우리나라에는 이중섭이 있어요. 둘 다 아주 가난하고 불행한 삶을 산 예술인으로 유명해요.

이중섭은 1956년에 세상을 떠났어요. 그때 나이는 무려 만 40세! 한창 뜻을 펼칠 아까운 나이에 그만 저세상으로 떠나 버렸어요. 더욱 안타까운 것은 눈을 감는 순간, 그의 곁에는 단 한 사람도 없었다는 사실이에요. 지켜 주는 사람 없이 홀로 쓸쓸하게 삶을 마감하고 말았죠.

그의 시신은 죽은 뒤 이틀 동안이나 병원 영안실에 그대로 방치되었어요. 아무도 시신을 거두어 줄 사람이 없었거든요. 병원에서 마련한 싸구려 관 앞에는 영화의 한 장면처럼 작은 촛불 하나가 덩그러니 놓여 있었어요. 거기에서 흘러나온 흐릿한 불빛만이 흐느끼듯 그의 죽음을 슬퍼하며 저승길을 비춰 줄 뿐이었죠. 이렇듯 홀로 떠나는 저승길은 얼마나 외로웠을까요? 생각만 해도 한없이 초라하고 가슴이 저릴 만큼 덧없는 죽음이었지요.

이야기처럼 그는 삶의 마지막을 더없이 불행하게 보냈어요. 끼니조차 잇기 어려워 영양실조에 걸릴 만큼 굶주림에 시달렸고요. 머물 곳이 마땅치 않아 여기저기 얹혀살아야 했답니다. 심지어 정신 이상과 병 때문에 병원 신세를 지기도 했어요. 사정이 이렇다 보니 많은 사람이 이중섭을 두고 오해하는 부분이 있어요. 그가 처음부터 보잘것없고 가난한 삶을 살았다고 생각하는 것이죠. 이중섭의 한평생은 내내 불행하지 않았어요. 오히려 정반대였죠. 그는 굉장한 부잣집의 아들로 귀하게 자랐거든요.

이중섭은 평안남도 평원에서 태어났어요. 그의 집안은 할아버지 때부터 엄청난 땅을 가진 대지주 가문이었답니다. 옛날에는 큰 부자를 일컬어 '천석꾼 또는 만석꾼'이라 했어요. 그가 사는 집도 100칸이나 되는 으리으리한 기와집이었고 부리는 머슴도 많았어요. 이런 집의 막내 도련님으로 태어났으니 얼마나 귀염을 받고 자랐을지 짐작이 갈 거예요.

일제 강점기인 당시에는 모두 생활이 어려웠어요. 이중섭은 부유한 집안 덕분에 부족함 없이 살며 일본 유학을 떠나 미술을 공부했답니다. 이 유학 시절에 만난 운명의 여인이 야마모토 마사코예요. 일제가 우리나라를 강제로 집어삼킨 시절이었기 때문에 사람들은 부잣집 도련님이라 철딱서니가 없다며 곱지 않은 눈길을 보냈답니다. 사랑에는 국경이 없다는 말 그대로 두 사람은 뜨거운 사랑에 빠졌어요. 이중섭이 귀국하자 둘의 사랑은 막을 내리는 듯했지요. 해방 직전, 죽음을 무릅쓰고 조선으로 건너온 마사코와 극적으로 만나 결혼하면서 둘의 사랑은 결실을 맺었어요.

6·25 전쟁이 터지면서 이중섭의 삶은 달라졌어요. 부잣집이었던 그의 집안이 독이 되고 만 거예요. 원산에서 큰 백화점을 지어 많은 재산을 모았던 그의 형은 공산당원들에게 비참하게 죽고 말았어요. 돈과 땅, 건물이 모두 사라졌고요. 이중섭은 가족과 함께 남쪽으로 떠났어요. 돈 한 푼 없이 내려와 제주도에 머물다가 부산·통영·진주·서울·대구 등 이곳저곳을 떠돌아야 했어요. 이토록 한곳에 자리 잡지 못한 데에는 남보다 쉽게 상처받고 작은 일에 신경 쓰는 예민한 성격 탓도 있었어요. 친구들과 술을 한잔할 때도 가끔 한쪽에서 훌쩍거리며 울었다고 해요. 그럴 때마다 친구인 화가 김환기가 된통 야단쳤죠. 이런 섬세하고 기복 있는 감정은 예술혼을 불사르기 좋았지만 삶을 편안하게 해 주지는 못했을지 몰라요.

이중섭은 심해지는 가난을 견디다 못해 아내와 두 아들을 잠시 일본에 보냈어요. 이는 영원한 이별이 되고 말았답니다. 캔버스와 미술 도구를 살 돈이 없었지만 그는 그림을 포기하지 않았어요. 합판이나 담뱃갑의 은박지에 그림을 그렸거든요. 지독한 가난 속에서 사랑하는 아내와 아들을 그리워하는 마음은 그를 괴롭게 했어요. 놀랍게도 이

중섭의 걸작들은 그가 힘들 때부터 죽기 전 마지막 6년 동안 그린 작품들이었답니다.

　1955년 5월, 이중섭은 대구에서 연 전시회에 크게 기대했어요. 이때 많은 돈을 벌면 아내와 아들과 함께 살 수 있다는 희망을 품었거든요. 안타깝게도 그림은 거의 팔리지 않았고 정신 나간 사람의 그림이라는 혹평도 들어야 했어요. 이중섭은 깊은 좌절에 빠졌어요. 그런 그에게 미국 문화원에서 근무하는 맥타가트란 사람이 찾아왔답니다.

　"선생의 전시 대부분이 훌륭하지만 특히 소 그림이 인상 깊었습니다. 강렬한 힘이 느껴지더군요. 스페인의 투우 같은 거칠고 억센 소의 기운이 내 마음을 사로잡았소. 그 작품을 꼭 사고 싶습니다."

　그 말을 들은 이중섭은 크게 화냈어요. 그림 속의 소는 스페인의 싸움소가 아니라 '한국의 소'라고 말이지요. 당황한 맥타가트가 자

리를 박차고 일어서는 이중섭에게 사과했지만 소용없었어요.

이후 이중섭의 내리막길은 계속되었어요. 정신병자 취급에, 영양실조에 걸릴 만큼 가난한 상황에서도 그는 한시도 붓을 놓지 않고 그리고 또 그렸답니다. 이때 탄생한 명작은 이중섭의 뼈아픈 기록이자, 그가 마지막으로 불사른 영혼의 불꽃이었죠.

이중섭의 성공 포인트: 불행한 예술혼

우리나라에서 가장 유명한 근대 화가 한 명을 꼽으라면 이중섭이 첫손가락에 꼽힐 거예요. 죽은 지 1세기도 지나지 않았지만 그는 신화적 인물이 되어 우리 곁에 남아 있어요. 안타깝게도 살아 있는 동안 그림의 가치를 제대로 평가받지 못했지만요.

이중섭이 서울에서 첫 개인전을 열 때였어요. 정부에서는 전시장에 들이닥쳐 막무가내로 은박지 그림 50여 점을 철거했어요. 그림이 너무 야해 질서를 어지럽힌다는 이유였지요. 그림이 어땠기에 야하다는 이야기가 나왔을까요?

이중섭은 어른과 아이, 남자와 여자 모두가 어울려 게나 물고기, 새 등의 동물과 알몸으로 뒹굴며 노는 모습을 즐겨 그렸어요. 정부는 천진무구한 세계를 표현한 그림을 야한 그림으로만 봤던 것이죠. 이듬해인 1956년 미국의 뉴욕현대미술관에서 이중섭의 은박지 그림 세 점을 소장하기로 했어요. 근대 미술의 중심지에서 은박지 그림의 예술성을 인정한 거예요! 기증한 사람은 이중섭에게 혼쭐났던 맥타가트였어요. 그 덕분에 이중섭은 지금까지도 해외에서 가장 유명한 한국 화가랍니다.

인생의 성공은 부유함이 다가 아니에요. 호랑이는 죽어서 가죽을 남기고 사람은 죽어서 이름을 남긴다고 하잖아요? 불행한 삶을 불태운 간절한 예술혼은 이후에 이중섭을 최고의 화가로 이끌었답니다.

고생길에 뛰어들어 감시받았다
장일순

예전 어른들은 이름을 함부로 부르는 것을 꺼렸어요. 그래서 '호'를 만들어 대신 불렀어요. 스스로 짓는 호를 보면 그 사람의 소신이 어떤지 알 수 있어요.

지금부터 이야기할 장일순 선생은 호를 '무위당'이라 지었어요. '무위(无爲)'란 '아무것도 하는 일이 없음'을 뜻해요. 이건 아무것도 하지 않고 그냥 놀고먹는다는 뜻이 아니에요. 이 말은 본래 '무위자연(無爲自然)'의 줄임말이거든요.

옛날 중국의 유명한 철학자 노자의 사상을 한마디로 하면 '무위자연'이에요. 인간이 무언가를 하려고 욕심을 부려 세상이 어지러워졌으니 아무것도 하지 말고 자연 그대로 가만히 놓아두라는 거예요. 그래야 인간이 살 만한 평화로운 세상이 된다는 사상이죠.

호를 무위당이라고 지은 장일순 선생이 한적한 산촌 마을에 숨어 자연과 벗하며 유유자적 살았다고 생각한다면 큰 오산이에요. 현실의 문제에 적극 참여한 분이거든요. 그 과정에서 수많은 실패와 어려움을 겪기도 했지요.

선생은 원주에서 부유한 집안의 아들로 태어났어요. 서울에 올라와서도 학업을 이어 가며 편히 살 수 있었지만 그러지 않았답니다. 세상의 부당함에 맞서느라 감옥에 갇히기 일쑤였거든요. 모른 척해도 됐을 일이었지만 사회 운동가로서 목소리를 높이며 사회 문제에 맞서기를 멈추지 않았어요.

5·16 군사 쿠데타 이후에는 독재에 맞서 민주화에 힘썼어요. 거세게 저항하던 선생은 독재 정권에게 미움을 받아 3년 동안 옥에 갇히기도 했답니다. 대성학원을 세워 교육 운동에도 앞장섰지만 이사장 자리에서 쫓겨나기도 했어요. 당시 군사 정권에 반대하는 학생들의 시위를 뒤에서 이끌었다는 누명을 썼거든요.

이후로 선생은 원주에서 조용히 농사만 지었어요. 그의 토담집은 민주화 운동을 하는 사람들의 든든한 울타리가 되었어요. 운동가들의 쉼터이자 사람들이 끊임없이 드나드는 곳이 되었고요. 이 덕분에 집 앞에 초소가 들어서 선생의 행동을 하나하나 감시하는 일까지 벌어졌답니다. 정권의 매서운 감시 아래 직접 농사를 지으며 살던 선생은 새로운 사상에 눈을 떴어요. 풀 한 포기, 벌레 한 마리가 모두 소중한 생명이라는 생각이었죠.

당시 도시는 산업화가 이루어지고 있었어요. 논밭을 밀어 공장을 세우고 산을 허물어 길을 낸 뒤 건물을 짓는 일이 많았답니다. 이 탓에 농촌은 농약과 화학 비료를 잔뜩 써서 땅이 황폐해졌고 거기에 살던 생명들이 죽었어요.

"풀이든 벌레든 이 땅에 사는 모든 생명은 사람 목숨만큼이나 귀하고 소중합니다. 자연이 파괴되면 결국 사람도 살 수 없습니다."

선생은 땅을 살리는 일이 곧 생명을 살리고 사람을 살리는 길이라 여겼어요. 땅과 생명이 무슨 관계가 있냐고요? 흔히 사람이 살아가는 데 필수적인 세 가지 요소를 의식주라고 하죠. 이 중에서 더 중요한 하나만 고르면요? 두말할 것도 없이 먹거리예요. 까마득한 원시 인류는 옷과 집이 없어도 살았지만 음식을 먹지 않고는 살 수가 없었어요. 문명이 발달한 지금도 마찬가지예요.

여러분의 식탁을 잘 살펴보세요. 땅에서 오지 않은 게 없어요. 각종 야채는 땅에서 자라고 땅의 풀이나 곡물을 먹고 자란 동물들의 고기는 우리가 즐겨먹는 소고기와 돼지고기가 돼요. 우리 몸이 건강하려면 싱싱한 음식을 먹어 줘야겠지요? 싱싱한 음식은 어디서 올까요? 오염되지 않은 건강한 땅에서 나와요. 땅이라고 다 같은 땅이 아니에요. 살아 있는 땅이 있고 죽어 있는 땅이 있거든요. 거름이 좋은 땅에서는 지렁이를 비롯한 수많은 생명체가 살아 꿈틀대지만 죽은 땅에서는 아무것도 살 수 없어요. 땅이 살아야 그곳에 사는 식물과 동물이 살고 인간도 건강하게 살 수 있어요.

선생은 마구잡이 개발로 병들어 가고 있는 땅을 안타까워했어요. 땅을 살리고 사람을 살리며 생태계를 회복하기 위한 방안을 끊임없이 궁리했지요.

'땅을 병들게 하는 농약이나 화학 비료 없이 농사를 지으면 땅을 살리고 거기에서 나는 농산물을 먹는 사람의 밥상도 살릴 수 있다.'

이런 생각으로 건강한 밥상을 만들기 위한 운동을 펼쳤어요. 그렇게 '한살림공동체소비자협동조합'이 탄생했답니다. 시골의 농민과 도

시의 소비자를 살리고 살림을 함께하는 식구처럼 지내자는 뜻에서 '한살림'이라 이름 지었어요. 이 운동을 통해 농민은 땀 흘린 만큼 정당한 값을 받고 사람들은 믿을 만한 채소와 곡식을 먹을 수 있었어요. 이후 오염된 먹거리를 걱정하는 소비자들이 늘면서 한살림 운동은 전국 곳곳으로 번져 나갔어요. 지금은 20만 명 이상이 함께하는 큰 공동체로 자리 잡았답니다. 선생이 뿌린 생명 사상의 씨앗이 우리의 식탁 위에서 건강하게 싹을 틔우고 꽃을 피운 것이죠.

선생은 죽는 날까지도 자연과 환경 파괴를 걱정했어요. 말년에 암 진단을 받았을 때도 담담히 이렇게 말했다고 해요.

"인간은 자연에 많은 은혜를 입고도 자꾸만 욕심을 부리며 못살게 굴잖아요. 그러니까 자연이 화가 나서 '너도 좀 앓아 봐라.' 하고 보복하는지도 몰라요. 사람들 때문에 자연은 이미 암을 심하게 앓고 있거든요."

흔히 지구를 생명체에 비유해요. 지구가 말한다면 이렇게 하소연할지도 몰라요.

"나 좀 괴롭히지 마! 내 몸에 붙어사는 인간이라는 벌레들 때문에 못살겠다고!"

몸에서 암세포가 생겨 목숨을 잃으면 암세포도 사라져요. 마찬가지로 인간이 지구에게 암세포처럼 굴면 어떻게 될까요? 지구도 인간도 모두 사라지고 말아요. 그런데도 인간은 자연을 부수고 자원을 고갈시키고 환경을 오염시키는 일을 멈추지 않고 있어요. 이에 선생은 자연과 인간을 살리는 일에 앞장섰어요. 눈앞의 이익이 아니라 인류의 먼 미래를 생각한 거예요. 생명을 존중한 선생은 사람들에게 지금도 존경받고 있답니다.

생각이 남다른 괴짜였다
백남준

경기도 과천에 있는 국립현대미술관에 가 본 적이 있나요? 건물에 들어가면 가운데 거대한 텔레비전 탑이 있어요. 이 탑이 한국이 낳은 세계적인 예술가 백남준의 작품이지요. <다다익선>이라는 제목의 이 작품은 아주 커다랗고 높아요. 이 탑에 사용된 텔레비전이 몇 개인지 아시나요? 1003개랍니다. 1000개도 아니고 왜 하필 1003개냐고요? 10월 3일, 즉 개천절을 상징하고 있거든요. 우리 민족의 시조인 단군 왕검이 나라를 처음 열었다는 날이죠.

나라를 처음 연 단군처럼 백남준이 처음 연 예술 세계가 있어요. 바로 '비디오 아트'라는 세계예요. 비디오 아트는 텔레비전 모니터와 비디오카메라의 영상을 이용한 예술 세계이지요.

'미술 작품'이라고 하면 사람들은 대부분 종이에 그려진 그림을 생각해요. 미술에 대한 선입관이나 오랜 전통 때문이죠. 마르셀 뒤샹은 철물점에서 변기를 사다가 전시장에 놓고 <샘>이란 제목을 달았어요. 사람들은 모두 경악했지요. 그는 기존의 예술을 마음껏 조롱하며 예술과 일상의 벽을 허물었거든요. 이처럼 과거의 전통이나 권위를 부수고 새로운 표현을 시도하는 예술 운동이 20세기에 일어났어요. 이를 '전위 예술'이라 불러요. 백남준은 뒤샹 못지않게 파격을 즐긴 전위 예술가였어요. 그는 원래 미술 전공자가 아니라 음악가였답니다.

일제 강점기에 태어난 그는 일본으로 음악 공부를 하러 떠났어요. 이후 독일로 가서 계속 음악 공부를 이어 갔어요. 그곳에서 세계적인 작곡가 존 케이지와 운명적인 만남을 가졌답니다.

존 케이지는 피아노 앞에 앉아 건반을 덮고 4분 33초 동안 침묵한 뒤, 다시 덮개를 연 <4분 33초>라는 곡으로 유명해요. 아주 괴상하죠? 연주자가 아무것도 연주하지 않았으니까요.

그는 건반을 덮고 있는 동안 사람들이 소곤대는 소리, 부시럭대는 소리, 자동차 소리, 옷깃 매만지는 소리 등 세상의 모든 소리가 음악이 될 수 있다는 걸 보여 주고 싶었어요.

백남준은 그를 만나면서 새로운 예술에 눈을 떴어요. 그리고 존경의 의미를 담아 <존 케이지에 대한 경의>라는 작품을 발표했어요. 이때의 공연도 괴상하기 짝이 없었어요. 갤러리의 무대 위에 놓인 녹음기에서는 여러 소음이 흘러나오고 있었고요. 백남준이 갑자기 깡통을 발로 차는가 하면 피아노를 도끼로 내리쳐 요란하게 부수기도 했답니다. 놀란 관객들은 신선한 충격을 받았죠. 이런 행위를 통해 사람들에게 있는 선입관이나 음악에 관한 전통과 권위 등을 깨부수고 싶었던 거예요.

시대가 바뀌면서 예술의 영역이 점점 커지자 백남준은 더 신선한 예술 영역에 눈을 돌렸어요. 사람들은 20세기 중반에 집집마다 놓인 텔레비전에 환호했어요. 텔레비전은 큰 재미를 주기도 했지만 한편으로는 사람들의 정신을 온통 빼앗아 바보로 만들어 버렸어요.

'대중은 왜 텔레비전에서 보여 주는 것만 봐야 하지? 화면의 내용을 원하는 대로 바꿀 수는 없을까?'

백남준은 가진 돈을 몽땅 털어 텔레비전 열세 대를 샀어요. 그것

을 가지고 1963년에 <음악의 전시-전자 텔레비전>이라는 첫 개인전을 열었어요.

전시장의 텔레비전 화면에서는 마음대로 조작한 영상이 나왔어요. 관객들은 정규 방송이 아닌 서로 다른 영상이 나온다는 것을 신기하게 바라봤지요. 어떤 화면에서는 미국 대통령의 일그러진 얼굴이, 어떤 화면에서는 원이나 직선 같은 추상적인 영상이 나왔어요. 관객이 다가가거나 마이크에 대고 소리를 내면 화면이 나타나 움직이기도 했어요. 이 전시회는 그가 음악가에서 미술가로 변신하는 계기이자, 비디오 아트의 시작을 알린 신호탄이 되었답니다.

사람들은 텔레비전의 영상을 예술의 소재로 삼았다는 점에서 크게 놀랐어요. 백남준은 실험적인 공연과 전시로 세계적인 예술가가 되었어요. 세월이 흘러 눈을 감는 순간에도 그는 평범하지 않았답니다. 무겁고 슬픈 분위기가 가득해야 할 백남준의 장례식은 가벼운 분위기였거든요. 장례식에 참석한 지인들에게서는 "빌려 간 돈은 잊어버리게."라는 농담이 오가며 내내 웃음이 끊이지 않았죠. 참석한 남자들은 넥타이를 자르고 여성들은 치맛단이나 스카프를 자르는 장난이 벌어졌답니다.

예술은 시대와 문명의 발전에 따라서 바뀌어 왔어요. 그 변화는 지금도 계속되고 있으며 속도는 더 빨라지고 있어요. 백남준은 세상의 흐름을 재빨리 읽고 그에 맞는 예술 세계를 개척한 성공적인 예술가였답니다.

백남준의 성공 포인트
창의적인 파격

백남준은 틀에 박힌 생각을 싫어했어요. 과거의 전통과 관습, 권위 등을 부수고 늘 새로운 것을 찾고자 노력했어요. 낯선 것을 선보인 까닭에 관객들에게 더러 혼란과 충격을 안겨 주기도 했지요. 그의 파격적인 예술 세계에 박수를 보내는 사람도 있었지만 비난을 퍼붓거나 조롱하는 사람도 있었어요. "저 따위가 무슨 예술이야!" 하고 욕하는 사람들처럼요. 어쩌면 백남준은 사람들이 그렇게 욕해 주길 바랐는지도 몰라요. 속으로는 이렇게 말했겠죠.

"당신의 머릿속에 자리 잡은 예술에 대한 선입관부터 깨 버리라고. 이게 멋진 예술이 될 수 있다는 걸 곧 깨달을 거야."

이런 파격적인 생각과 행동이 그를 세계적인 예술가로 만들었답니다.

예술뿐만 아니라 어느 분야든 마찬가지예요. 새로운 것을 창조하려면 백남준처럼 익숙한 것들을 따져 보고 현재에 머물지 않아야 해요.

"왜 자동차는 기름만으로 가야 할까?" 이렇게 생각했기 때문에 전기 자동차를 만들 수 있었고 "휴대폰은 왜 전화만 걸어야 할까?" 이렇게 따져 봤기 때문에 스마트폰을 만들 수 있었죠. 시대의 흐름에 발맞춰 창의적인 생각을 한다면 누구든 성공할 수 있답니다.

병들고 가난한 떠돌이였다
권정생

　세상에서는 힘 있고 잘난 사람들이 주인공처럼 보이곤 해요. 지위가 높은 정치인, 큰 기업의 회장님, 인기 있는 유명한 스타 등. 가난하고 힘없는 사람들은 설 자리가 없어 보여요. 하지만 그들도 주인공이 되어 빛날 수 있는 곳이 있어요. 바로 '문학 작품'에서예요. 현실에서 잘난 사람들에게 가려져 소외된 채 살고 있지만 작품 속에서는 얼마든지 빛나는 주인공이 될 수 있거든요.

　아동 문학가 권정생의 빛나는 작품에 등장하는 주인공은 하나같이 힘없는 것들이에요. 거지·바보·늙은 소·벙어리·전쟁고아·장애인·외로운 노인 등. 현실에서는 거의 관심을 받지 못하는 것들이죠. 그렇다면 선생은 왜 이런 것들에 눈길을 줬을까요? 선생 자신이 가난하고 소외받으며 외롭게 살았기 때문이에요. 어쩌면 작품 속에 등장하는 주인공 모두가 선생의 분신일지도 몰라요.

그는 일제 강점기 때인 1937년에 도쿄의 빈민가에서 태어났어요. 가난했기 때문에 학교 대신 골목길에서 아이들과 뛰어놀며 어린 시절을 보냈어요. 해방된 뒤 고국으로 돌아와 초등학교에 다녔지만 곧 6·25 전쟁이 터졌어요. 집안일을 거드느라 학교도 다니다 말다 했기 때문에 열일곱 살이어서야 겨우 초등학교를 졸업했지요. 가난한 환경 때문에 중학교는 꿈도 꿀 수 없었어요. 돈을 벌기 위해 나무장수·고구마 장수·담배 장수·재봉기 가게 종업원 등 온갖 궂은일을 하며 여기저기 떠돌았답니다. 이 이야기만으로도 충분히 불행하다고요? 하지만 진짜 시련은 아직 시작되지도 않았어요.

선생은 제대로 먹지도 못하고 고생만 하는 나날을 계속 보내고 있었어요. 결국 열아홉 살에 폐결핵에 걸리고 말았지요. 집으로 돌아왔지만 어머니를 볼 낯이 없었어요. 돈도 벌고 공부도 더 하고 싶어 집을 떠났다가 병만 얻어 돌아왔으니 말이에요. 선생은 이때의 심정을 이렇게 고백했어요.

"나 때문에 동생과 부모님을 더 이상 고생하게 할 수 없었어요. 차라리 죽기를 바라며 밤마다 교회에 가서 하나님께 기도했죠."

병에 걸린 선생을 돌보느라 어머니는 뭐든 해야 했어요. 안타깝게도 뒷바라지를 하던 어머니도 병을 얻어 돌아가시고 말았지요. 슬퍼한 선생은 무작정 집을 나와 떠돌아다니며 깡통 하나를 들고 거지처럼 걸식했어요. 그렇게 절망에 빠져 있을 때 그를 도와준 사람들이

있었답니다.

깡통에 밥을 눌러 담아 준 식당 아주머니. 길에 쓰러져 있을 때 물을 길어 준 할머니. 공짜로 강을 건너게 해 준 뱃사공 할아버지. 쫄쫄 굶어 힘없이 누워 있을 때 자신이 동냥한 쉰 밥 덩이를 먹여 준 또 다른 거지 아저씨. 이들 모두 가난한 이웃들이었죠.

석 달 만에 집으로 돌아온 선생은 다시 살아야겠다고 생각했어요. 이미 결핵균이 퍼져서 한쪽 콩팥을 떼어 냈고 오줌보까지 망가져 다시 수술해야 할 만큼 몸 상태가 나빴어요. 오줌보마저 들어낸 터라 커다란 비닐 오줌주머니를 허리에 달고 살아야 했답니다.

의사는 약을 먹고 잘 관리하면 2년 정도 살 수 있다고 말했어요. 그 말에 선생은 사는 날까지 편안하게 살다 가기로 마음을 비웠어요. 그 말과 달리 선생은 2년이 넘게 살아 있었어요. 얼굴에 핏기 하나 없어 한눈에 보기에도 병색이 뚜렷했지만요.

스물아홉 살이 되던 해, 선생은 경북 안동에 정착했어요. 마을 교회의 종지기로 일하며 추운 문간방에서 홀로 살았지요. 종지기는 새벽마다 교회의 종을 치는 사람을 말해요. 허름한 문간방에는 선생을 찾아 놀러 온 친구들이 있었어요. 뚫린 창호지 구멍으로 들어온 개구리와 따뜻한 아랫목에 들어와 잠들던 생쥐가 그들이었답니다.

"자다 보면 발가락을 깨물기도 하고 옷 속을 비집고 겨드랑이까지 파고들어 오기도 했어요. 처음 몇 번은 놀라고 귀찮기도 했지만 지내다 보니 정이 들어 아예 발치에 먹을 것을 놓고 기다렸지요. 개구리든 생쥐든 메뚜기든 굼벵이든 같은 햇빛 아래 같은 공기와 물을 마시며 고통도 슬픔도 겪으면서 살다 죽는 게 아닙니까?"

 선생은 온몸이 아픈 상황에서도 이런 친구들을 벗 삼아 글을 썼어요. 그렇게 탄생한 첫 동화가 《강아지똥》이에요. 처음에 심사 위원들은 제목 때문에 작품을 거들떠보지도 않았어요. 다른 작품들이 신통치 않아 마지못해 다시 읽었더니 내용이 정말 좋지 않겠어요? 이

작품이 월간 <기독교교육>의 제1회 아동문학상을 받으면서 선생은 동화 작가의 삶을 시작했어요. 이후로 《무명저고리와 엄마》를 비롯해 선생의 대표작인 《몽실 언니》가 출간되어 베스트셀러가 되었고 TV 드라마로도 방영되었답니다.

이때부터 작가로 유명해진 선생은 많은 돈을 벌었지만 삶은 조금도 바뀌지 않았어요. 교회 뒤편의 빌뱅이 언덕 밑에 다섯 평짜리 작은 흙집 오두막을 직접 지었고요. 강아지와 둘이서 검소한 삶을 살다 2007년에 조용히 눈을 감았어요. 이웃 사람들은 이렇게 말했어요.

"한 동네에 있어도 그 사람이 그리 유명한 줄 몰랐심더. 돈도 많이 벌었다 카데예. 근데 엄청 가난하게 살았심더. 평생 옷 한 벌로 지냈으니께."

그 말처럼 선생은 자신을 조금도 드러내지 않고 자연 속으로 사라지길 원

했어요. 죽은 뒤 화장해서 살던 곳에 뿌리고 집도 태워 달라고 했거든요. 그리고 선생이 남긴 가장 중요한 말은요.

"내가 쓴 모든 책은 주로 어린이들이 사서 읽는 것이니 여기서 나오는 수익금은 어린이들에게 돌려주는 것이 마땅할 것입니다."

권정생의 성공 포인트 - 모든 것에 감사

권정생 선생은 자연과 생명을 중시하며 못나고 버림받은 것들을 소재로 작품을 썼어요. 그가 글을 처음 쓸 때만 해도 사람 구실을 하기 어려울 정도로 온몸이 망가져 있었답니다. 글을 쓰느라 두어 시간 동안만 앉아 있어도 무시무시한 아픔이 찾아와 사나흘은 꼬박 앓아누워야 했어요. 앉아서 버틸 만한 힘이 생기면 다시 일어나 글을 썼지요. 선생은 이런 고통을 남들에게 내색하지 않았어요.

생활도 가난해 보리밥 한 덩어리도 숟가락으로 그어 나누어 아껴 먹으면서 글을 썼어요. 죽을힘을 다해 탄생한 작품 속의 주인공들은 모두 힘없고 소외된 것들이에요. 나약한 것들을 포근하게 감싸 안으려는 따뜻한 눈길은 선생의 작품을 빛나게 했어요. 어렵게 살면서도 삶과 작품에 묻어나는 감사가 큰 힘이 된 것이에요.

어려웠던 젊은 시절의 선생이 처지를 비관하고 포기했다면 어땠을까요? 지금처럼 모두에게 존경받는 '아동 문학가 권정생'은 없었을 거예요. 삶에 찾아오는 어려움은 누구에게나 큰 고통을 안겨 줘요. 아픔 속에서도 주어진 모든 것에 감사하며 잘 이겨 내면 성공의 발판이 된답니다.